Bettina Malle
Helge Schmickl

Ätherische Öle selbst herstellen

ökobuch

Autorin und Autor

Bettina Malle und Helge Schmickl veröffentlichten bereits die erfolgreichen Praxisbücher „Schapsbrennen als Hobby“ und „Essig herstellen als Hobby“, die sich aufgrund ihres hohen Gebrauchswerts rasch durchsetzten. Die beiden promovierten Chemiker veranstalten seit Jahren mit großer Resonanz Seminare zum Schnapsbrennen, Herstellen ätherischer Öle sowie zum Herstellen von Essig.

Bibliografische Information der Deutschen Nationalbibliothek
Die Deutsche Nationalbibliothek verzeichnet diese Publikation in der Deutschen Nationalbibliografie; detaillierte bibliografische Angaben sind im Internet unter http://dnb.d-nb.de abrufbar.

ISBN 978-3-947021-28-4

9. Auflage 2025

Königstr. 43, 26180 Rastede
www.oekobuch.de
Kontaktadresse nach EU-Produktsicherheitsverordnung:
verlag@oekobuch.de

Dieser Titel erschien erstmals im Jahr 2005 bei Verlag Die Werkstatt GmbH.

Printed in the European Union

Titelfoto und Fotos im Innenteil: Bettina Malle u. Helge Schmickl

FSC
www.fsc.org
MIX
Papier | Fördert gute Waldnutzung
FSC® C129413

Inhalt

Vorwort . . . 7
Einleitung . . . 9

Kapitel 1: Kleiner Ausflug in die Geschichte . . . 13

Kapitel 2: Grundlagen . . . 17

Was sind ätherische Öle und Hydrolate? . . . 17
Anwendungsmöglichkeiten . . . 21
Arten der Gewinnung . . . 23
- Wasserdampfdestillation . . . 23
- Fraktionierte Destillation . . . 24
- Co-Destillation . . . 26
- Kaltpressung . . . 26
- Extraktionsverfahren . . . 27
  - Lösemittelextraktion . . . 27
  - Enfleurage . . . 29
  - Mazeration / Infusion . . . 30
  - Resinoid-Herstellung . . . 30
  - Kohlendioxidextraktion . . . 30

Qualitätsprüfung . . . 30

Kapitel 3: Schritt für Schritt zum eigenen Öl . . . 33

Wasserdampfdestillation . . . 33
- Das Prinzip . . . 33
- Die Destillen . . . 35
  - Konstruktion einer eigenen Destille . . . 36
    - Teekessel . . . 37
    - Druckkochtopf . . . 38
    - Wok-Destille . . . 40
    - Klassische Destille mit Geistrohr . . . 41
    - Klassische Destille mit senkrechter Kühlung . . . 44
    - Destille aus Glas . . . 46
  - Kauf einer Anlage . . . 47
  - Kleinanlagen . . . 48
  - Großanlagen . . . 54
- Vorbereitung der Pflanzen . . . 55
  - Ernte . . . 55

Zerkleinern der Pflanzen ... 59
Der Destillationsvorgang ... 65
Befüllen ... 65
Destillieren ... 69
Zweifache Destillation ... 71
Trennung Hydrolat-Öl ... 73
Spritze ... 73
Pipette ... 75
Scheidetrichter ... 76
Automatischer Ölabscheider ... 77
Florentinervase ... 78
Sauberkeit ... 79
Ausbeuteberechnung ... 80
Kaltpressung ... 82
Mazeration ... 84
Enfleurage ... 85
Aufbewahrung der Öle und Hydrolate ... 90

Kapitel 4: Rohstoffe zum Destillieren ... 93

Pflanzenarten
Von A wie Adlerholz bis Z wie Zypresse ... 94
Überblick: Pflanzen und ihre Wirkung ... 141

Kapitel 5: Anwendung der Öle & Hydrolate ... 143

Grundsubstanzen und Materialien ... 145
Sicherheitshinweise ... 148
Badezusätze ... 149
Gesichts- und Körperpflege ... 152
Rasur ... 158
Haarpflege ... 159
Seife ... 159
Parfüm ... 161
Liköre ... 166
Verschiedenes ... 170

Kapitel 6: Nachgefragt ... 173

Epilog ... 181
Erntekalender ... 183
Stichwortverzeichnis ... 185

Vorwort

In zahlreichen Zeitschriften und Büchern wird über ätherische Öle – in letzter Zeit immer häufiger auch über Hydrolate –, deren Wirkung und Anwendung informiert, aber bezüglich der Herstellung der Öle im kleinen Maßstab für den Hobbybereich ist so gut wie nichts bekannt. Dabei ist es mit dem richtigen Know-how einfacher, als man denkt. Dies hat uns dazu bewogen, unsere Erkenntnisse in diesem Bereich, u.a. aus unseren Duftölseminaren, einer breiten Öffentlichkeit zugänglich zu machen. Das Buch ist ein Praxishandbuch und soll neben den theoretischen Grundlagen vor allem zeigen, wie man es tatsächlich macht.

Ursprünglich wollten wir eigentlich nur die Kräuter, Blumen, Sträucher und Bäume in unserem Garten sinnvoll verwerten, statt wie bisher die Pflanzenschnittreste zu kompostieren. Wir dachten dabei sofort an die Herstellung ätherischer Öle und Hydrolate, schließlich kannten wir ja diese Methoden, zumindest theoretisch, aus unserem Studium der Technischen Chemie. Im Lauf der Zeit entwickelte sich daraus jedoch ein sehr interessantes und faszinierendes Hobby, und wir wurden zu leidenschaftlichen Sammlern von selbst gemachten Ölen. Für die notwendigen Grundmaterialien haben wir neben den ohnehin vorhandenen Pflanzen Kräuter und Blumen gepflanzt, bei Spaziergängen Nadelhölzer gesammelt und manchmal auch die Sträucher vom Nachbarn etwas gestutzt. Nach und nach kamen diese Pflanzen dann in eine Destille, aber leider war diese Anlage für die Öl- und Hydrolatgewinnung nicht geeignet. Wir mussten daher eine neue Apparatur entwickeln, die besser an die spezifischen Probleme bei dieser Art und Größe der Destillation angepasst war, und nach einigen Fehlschlägen stellten sich langsam auch Erfolge ein, jede Destillation und jede Pflanze brachten immer wieder neue Erfahrungen. Die hergestellten Öle und Hydrolate wollten wir auch für die Körperpflege nutzen, da wir inzwischen schon einiges über deren Wirkung auf den menschlichen Organismus erfahren konnten. Nachdem die ersten Cremes zu fest waren und das Duschgel so gut wie gar nicht schäumte, ist es uns schlussendlich gelungen, die passende Rezeptur zu finden. Die Summe unserer Erfahrungen stellen wir Ihnen nun gerne zur Verfügung.

Bedanken möchten wir uns bei den Seminarteilnehmern und Besuchern unserer Homepage, die durch zahlreiche Tipps und Anregungen zu diesem Buch beigetragen haben.

Wir hoffen, Sie haben mit diesem Praxisbuch viel Freude. Möge es Ihnen als Ausgangspunkt für viele weitere wohltuende Ergebnisse dienen.

Viel Erfolg!
Dr. Bettina Malle & Dr. Helge Schmickl

www.aetherischesoel.at

Einleitung

In den letzten Jahren hat die Nachfrage an ätherischen Ölen derart stark zugenommen, dass es oft zu Engpässen kommt. Bestimmte Ölsorten sind in reiner Form während gewisser Zeiten gar nicht oder nur schwer zu bekommen. Da es sich bei diesen „Öl-Geschäften" um große Summen handelt – 1 kg Rosen- oder Melissenöl kosten ca. 5.000 Euro – ist für einige Lieferanten die Versuchung sehr groß, das Öl künstlich herzustellen. Die modernen Herstellungsverfahren machen es schwierig, eine Kopie von einem Original zu unterscheiden, nur genaueste Analyseverfahren können hier Sicherheit bieten.

Um sicher zu sein, dass natürliche und chemikalienfreie Öle bzw. Hydrolate bei Ihnen zum Einsatz kommen, können Sie diese jedoch ganz einfach selbst herstellen. Lange Zeit ist diese Kunst beinahe in Vergessenheit geraten. Fast nur noch große kommerzielle Firmen stellen ätherische Öle her, und Hydrolate werden sehr oft immer noch als unbrauchbares Nebenprodukt angesehen. Auf Basis des vorliegendes Buches kann die Destillation von Kräutern, Blüten, Wurzeln und Ästen wieder zu einem Hobby werden, das für jedermann zugänglich ist.

Nach einem kurzen Einblick in die Geschichte und dem erforderlichen Grundlagenwissen werden Sie in Kapitel 3 Schritt für Schritt erfahren, wie die Öle und Hydrolate selbst hergestellt werden können: Wie funktioniert eine Apparatur zur Ölherstellung? Wie kann man sich diese selbst bauen? Wie wird Öl destilliert? Wie kann das vorliegende Öl-Hydrolat-Gemisch getrennt werden?

Im nächsten Kapitel finden Sie eine Auflistung aller wichtigen heimischen und exotischen Rohstoffe, aus denen Öle und Hydrolate hergestellt werden können, mit genauen Angaben: Welcher Teil der Pflanze ist für die Destillation zu verwenden? Wann ist der optimale Erntezeitpunkt? Wie wirkt die Pflanze? Für welche Beschwerden wird welche Pflanze hauptsächlich angewendet?

Kapitel 5 beschäftigt sich mit den Anwendungsmöglichkeiten der ätherischen Öle und Hydrolate. Hier finden Sie Basisrezepte für Parfüms, Körperöle und -cremes, Bäder, Haarshampoos, Seifen usw. und Liköre.

Ans Ende stellen wir noch einen Überblick von häufig an uns gerichteten Fragen und natürlich deren Antworten. Bei evtl. auftretenden Problemen können sie für Sie eine wichtige Hilfestellung sein.

Nach der Lektüre dieses Buches sind Sie in der Lage, selbst diese herrlichen Hydrolate und Öle herzustellen, sich eine passende Anlage zu bauen und die Destillate in den unterschiedlichsten Produkten zu verarbeiten und zu verwenden.

Wir wünschen Ihnen dabei viel Vergnügen
und gutes Gelingen!

▲ LEONARDO® Grande, Foto: Ludwig Drahosch, Wien 2015

Kapitel 1

Kleiner Ausflug in die Geschichte

Der Gebrauch von ätherischen Ölen als Heil- oder Duftstoffe blickt auf eine mindestens 5000-jährige Geschichte zurück. Aber schon sehr viel früher, in der Steinzeit, wurden bereits Harze und Hölzer verbrannt, um damit den Göttern zu huldigen. Räucherungen mit getrockneten Pflanzen, Gräsern, Harzen, Früchten und Rinden waren Bestandteil beinahe aller Kulturen des Altertums. Sie dienten der Reinigung, als Opfergabe und auch zur Behandlung von Krankheiten. Die duftenden Salben aus zerstampften Blüten hatten z.T. auch kosmetische Bedeutung oder linderten diverse Beschwerden.

Im alten Ägypten wurden ätherische Öle zur Wundheilung oder als Mittel gegen Entzündungen benutzt. Terpentin, Zedern und Zimt wurden destilliert und Öle von Blüten in fetten Ölen gelöst. Ägyptische Priester stellten so Räucherkerzen, Salben und Pulver her. Große Bedeutung kam den ätherischen Ölen aus Harzen und Pflanzen bei den ägyptischen Bestattungspraktiken zu. Zur Vorbereitung wurden die Körper der Toten mit geschmolzenem Harz von Nadelbäumen bedeckt, was eine desinfizierende Wirkung hatte. Die Tücher zum Einwickeln der Mumien waren mit desinfizierendem Weihrauch und Myrre getränkt. Die ätherischen Öle waren jedoch nicht nur im medizinischen und religiösen Gebrauch gefragt, sondern wurden auch im

Antike Öldestille mit Kühlspirale und Florentinervase ▼

▲ Antike Öldestille mit Kühldom im Musée International de la Parfumerie (8 Place du cours Honoré Cresp, Grasse, Frankreich)

gesellschaftlichen Bereich als Parfüm oder Deodorant genutzt. Die Ägypter mischten Myrre, Thymian und Rosmarin mit Fett und rieben sich damit ein. Die reinen und teureren Öle waren den Pharaonen vorbehalten. Im Grab Tutenchamuns wurden Vasen mit Duftstoffen gefunden, die auch nach über 3.000 Jahren nichts an Aroma verloren hatten!

Räucherungen und die Verwendung von duftenden Pflanzenessenzen zu Heilzwecken waren den alten Hebräern, Sumerern, Assyrern und Chinesen ebenfalls bekannt. Im altindischen Ayurveda wurden für medizinische Anwendungen bereits ätherische Öle verwendet, der Schwerpunkt lag jedoch auf Massagen mit Sandelholz.

In der Antike entwickelten die Griechen Destillationsanlagen, die die Römer übernahmen, und den Gebrauch der Öle für Bäder perfektionierten. Wegen seiner duftenden Bäder avancierte Rom zur Zeit Christi zur „Badehauptstadt der Welt", in der ebenso Parfüms und duftende Körperöle kreiert wurden.

Später verbesserten die Araber die Destillationsmethoden und konnten dadurch besonders starke Essenzen gewinnen, die sie führend in der Herstellung von edlen Duftstoffen machten. Der persische Arzt Avicenna (980-1037) entwickelte das damals bekannte Herstellungsverfahren für Pflanzenessenzen weiter und ermöglichte somit die Gewinnung von reinem ätherischen Öl.

Im Mittelalter existierte vor allem in Europa in den Klöstern ein umfangreiches Wissen bezüglich der Herstel-

◄ Öldestille mit Kühlspirale, im Hintergrund Lagertank zur Reifung des Parfüms (mit Faltenfilter sowie Filtrationsgefäß)

lung und Heilkraft von ätherischen Ölen. Unter anderem sorgten die unzähligen Glaubenskriege dafür, dass dieses Wissen weitgehend wieder verloren ging.

Im 16. Jahrhundert untersuchte der Arzt Paracelsus (1493-1541) welche Verbindung zwischen ätherischen Ölen, Pflanzen und deren Inhaltsstoffen besteht. Zur gleichen Zeit schrieb der Arzt Brunschwig ein Buch über die Destillation.

Der englische Arzt und Astrologe Nicholas Culpeper (1614-1654) verschaffte der Anwendung ätherischer Öle für Heilzwecke einen großen Bekanntheitsgrad. Mit seinen Schriften über die heilenden und anregenden Wirkungen von Kräutern und Pflanzen beeinflusste er viele Alchemisten, Heiler und Ärzte Europas.

Aromatherapie

Erst seit Mitte des 19. Jahrhunderts werden – besonders in Frankreich – wissenschaftlich die Wirkungen von ätherischen Ölen auf den menschlichen Organismus erforscht. Anfang des 20. Jahrhunderts begann der französische Chemiker Rene-Maurice Gattefosse mit Parfüms und Kosmetika zu experimentieren, seine Erkenntnisse über die Heilwirkungen der einzelnen Pflanzen schrieb er im Buch „Aromatherapie“ nieder. Mit diesem Begriff gab er der Behandlung mit duftenden Pflanzenstoffen die heute übliche Bezeichnung. Durch das zunehmende Inte-

► Alte Destillen zur Lavendelöldestillation

resse der Menschen an alternativen und natürlichen Heilmethoden haben die Kräutermedizin und auch die Aromatherapie mittlerweile einen festen Platz in der Naturheilkunde gefunden.

Inzwischen kann jeder noch so exotische Duft synthetisch im Reagenzglas hergestellt werden. Eine Entwicklung, die Düfte zwar erschwinglich macht, sie aber auch regelrechten Trends unterwirft. 1960 wurden ca. 40% der Düfte natürlich hergestellt, 1980 noch 15% und 1995 nur 8%, wobei die Tendenz immer weiter zu synthetischen Düften geht. Echte ätherische Öle hingegen sind reine Naturprodukte und lassen sich, wegen der unzähligen Inhaltsstoffe, mit Ihren breitbandigen Wirk- und Duftstoffen nicht synthetisch nachbilden.

Kapitel 2

Grundlagen

In diesem Kapitel unternehmen Sie einen kurzen Streifzug in die Chemie und erfahren, was ätherische Öle und Hydrolate eigentlich sind, deren Anwendungsmöglichkeiten sowie den Unterschied zu künstlichen Produkten. Anschließend finden Sie eine Übersicht der jeweiligen Herstellungsverfahren für Duftöle und Informationen zur Qualitätsprüfung.

Was sind ätherische Öle und Hydrolate?

Ätherische Öle

Unter einem ätherischen Öl versteht man im Allgemeinen alle aus einer Pflanze stammenden Duftstoffe. Wenn Sie an Blumen, Kräutern oder Gewürzen riechen, so nehmen Sie den Duft des ätherischen Öles wahr. Das ätherische Öl kann sich in verschiedenen Pflanzenteilen befinden, z.B.:

Blätter: Salbei, Eukalyptus, Rosmarin
Blüten: Rose, Jasmin
Schale: Zitrone, Orange
Holz: Sandelholz, Zedernholz
Wurzel: Baldrian, Ingwer
Rinde: Zimtrinde
Harz: Myrre

Das natürliche ätherische Öl besteht immer aus einer Vielzahl von chemischen Verbindungen, die in der Summe dann den Duft und die Heilkraft ergeben. Sie bestehen ausschließlich aus flüchtigen Komponenten und enthalten überwiegend Monoterpenole, Monoterpene, Sesquiterpenole, Sesquiterpene, Aldehyde, Alkohole, Ester, Äther und Ketone.

Echte ätherische Öle	Duft und Heilwirkung
Künstliche Öle	nur Duft, keine Heilwirkung

Heute werden beinahe alle Duftstoffe auch synthetisch hergestellt. Dabei bildet man jedoch nie alle Substanzen nach, die das jeweilige Öl charakterisieren, sondern meist nur den Duft, also nur eine einzelne Komponente. So können Sie beispielsweise zwar den Lavendelduft wahrnehmen, Heilkraft besitzt dieses synthetische Öl jedoch nicht.

Das ätherische Öl ist kein fettes Öl. Wenn Sie einen Tropfen davon auf Papier geben, bleibt nach dem Trocknen kein Fettfleck zurück, eventuell etwas Farbe, falls das Öl farbig ist. Im Gegensatz dazu ist z.B. Speiseöl fett und hinterlässt am Papier auch einen Fettfleck.

Ätherische Öle mischen sich nicht mit Wasser, daher können sie mit Hilfe der Wasserdampfdestillation gewonnen werden (siehe Kapitel 3). Löslich sind sie z.B. in Alkohol, fette Ölen, Milch und Honig. Auch organische Lösemittel wie Hexan, Äther und Tetrachlorkohlenstoff lösen das Öl sehr gut auf.

Hydrolate

Weil sich ätherische Öle nicht mit Wasser vermischen, besteht das Destillat einer Wasserdampfdestillation aus zwei Phasen: einer öligen Phase, dem ätherischen Öl, und einer wässrigen Phase, dem Hydrolat. Das Hydrolat wird auch als Blütenwasser (Rosenwasser, Lavendelwasser usw.), aromatisches Wasser, ätherisches Wasser oder Duftwasser bezeichnet. Besonders intensive Hydrolate sind undurchsichtig milchig-trüb, in solchen Fällen trifft auch der Name Hydrosol zu, dies ist die chemische Bezeichnung für eine „kolloidale Lösung mit Wasser als Lösungsmittel“ (Duden). Jedenfalls enthalten Hydrolate die destillierbaren, wasserlöslichen Bestandteile einer Pflanze.

In der Vergangenheit wurden Hydrolate meistens als (unbrauchbares) Nebenprodukt der ätherischen Ölherstellung gesehen und bis auf wenige Ausnahmen daher nicht weiterverwendet bzw. statt Wasser in die Destillationsanlage gefüllt. Diese Ansicht hat sich in den letzten 20 Jahren radikal geändert, heutzutage wird die Wasserdampfdestillation oft durchgeführt, um ausschließlich Hydrolate herzustellen, und umgekehrt das ätherische Öl als Nebenprodukt gesehen. Neben Aromatisierungen werden die „Wässer" inzwischen in der Medizin, Kosmetik, Naturheilkunde sowie in der Küche, zum Backen, für Getränke und diverse Haushaltsanwendungen eingesetzt. Im englischsprachigen Raum wird die Anwendung von Hydrolaten in der Heilkunde inzwischen als „new aromatherapy", also „neue Aromatherapie" bezeichnet.

Alle Anleitungen, Maßnahmen und Tipps in diesem Buch, um die ätherische Ölausbeute zu maximieren (siehe Kapitel 3 und 4), sind auch für Hydrolate sehr wichtig. Wurden diese Punkte beachtet und die maximale Ölausbeute erreicht, wird auch das Hydrolat am intensivsten und reichhaltigsten sein. Die Unterschiede in der Intensität sind teilweise sehr beträchtlich, ca. das Zehn- bis Zwanzigfache im Vergleich zu gekauften Produkten.

Auszüge

In vielen Kräuterbüchern wird immer wieder von Pflanzen- und Kräuterauszügen gesprochen. Auszüge einer Pflanze enthalten zwar ätherische Öle, allerdings ist der Anteil zu gering, um das Öl daraus zu gewinnen. Auszüge werden daher direkt in dieser Form angewandt. Man unterscheidet zwischen zwei Arten von Auszügen:

Wässrige Auszüge

Hierbei wird die Pflanze in Wasser eingelegt (ohne zu erhitzen), ausgekocht oder wie für die Zubereitung von Tee in kochendes Wasser gegeben. Diese Auszüge enthalten nahezu keine ätherischen Öle mehr, da das Wasser diese Bestandteile der Pflanze nur sehr schlecht auflösen kann.

Alkoholische oder ölige Auszüge

Wird die Pflanze z.B. in 96%vol Ethanol (Trinkalkohol) eingelegt, entsteht eine Tinktur, für den öligen Auszug wird (Speise-)Öl verwendet. In beiden Varianten ist das ätherische Öl zwar in der Flüssigkeit gelöst, dennoch ist der Gehalt nicht hoch genug, um daraus das ätherische Öl gewinnen zu können (siehe dazu Extraktionsverfahren).

Die verschiedenen Arten einer Sorte werden ***Chemotypen*** *genannt. Beispiel:*
– Thymian linaol
– Thymian geraniol
Thymian kennzeichnet die Sorte, linaol und geraniol den Chemotypen, es handelt sich also um unterschiedliche Öle.

Sie werden sicher schon bemerkt haben, dass es von einer Sorte ätherischem Öl meist mehrere Arten gibt. Dies ist darauf zurückzuführen, dass eine Pflanze je nach Region Öl mit unterschiedlichen Eigenschaften hervorbringt. So ist es z.B. entscheidend, in welcher Höhenlage die Pflanze wächst.

Werden ätherische Öle zu heilenden Zwecken verwendet, so ist auch immer der lateinische Name der Pflanze wichtig. Unter dem Namen Eukalyptus gibt es ca. 100 verschiedene Sorten, die sich aber in ihren Wirkungen unterscheiden. Nur der lateinische Name kann eine Pflanze genau spezifizieren.

Es gibt drei verschiedene Herstellungsarten für Düfte, wie sie in Parfüms und anderen Produkten verwendet werden: natürliche, synthetische und künstliche. Unter einem natürlichen Duft versteht man ein ätherisches Öl aus einer Pflanze. In synthetischen Düften oder Aromen wird ein natürlicher Duft im Labor nachgebaut. Ein künstlicher Duft wird ebenfalls im Labor kreiert, existiert aber in der Natur gar nicht.

Essenz

Beispiel: 100% natürliche Speiklavendelessenz: *Dieses Produkt hat niemals einen echten Speiklavendel gesehen, sondern wurde z.B. aus natürlichem Kampfer, natürlichem Linalol und natürlichen Terpenen hergestellt.*

Der Vollständigkeit halber soll hier auch noch der Begriff Essenz erklärt werden, der im Allgemeinen oft mit dem ätherischen Öl in einen Topf geworfen wird, aber in Wirklichkeit etwas anderes bedeutet. Essenz ist ein Produkt, welches synthetisch hergestellt wird. Als Ausgangsstoffe dafür können entweder natürliche oder künstliche Komponenten verwendet werden. Eine „100% natürliche Essenz" entspricht somit einem synthetisch reproduzierten Produkt, welches aber als Ausgangsstoffe natürliche Komponenten enthält. Anwendung finden diese Produkte vor allem im Lebensmittelbereich.

Oft werden „ätherische Öle" von Pflanzen angeboten, die gar keine ätherischen Öle enthalten. Es handelt sich um künstliche Duftstoffe. Bekannte Beispiele hierfür sind Maiglöckchen, Flieder und Apfel. Essbare Früchte enthalten im Allgemeinen überhaupt keine ätherischen Öle.

Im Zusammenhang mit ätherischen Ölen fällt häufig der Begriff *Spagyrik*. Der Begriff entstammt wahrscheinlich zwei griechischen Wörtern: „spao“ (trennen) und „ageiro“ (vereinigen, zusammenführen). Bei der Herstellung von spagyrischen Essenzen werden die Wirkstoffe aus den verwendeten Pflanzen zuerst in einem aufwändigen Verfahren getrennt, bearbeitet und zum Schluss wieder zusammengeführt.

Anwendungsmöglichkeiten

Ätherische Öle und Hydrolate finden in einem weiten Spektrum unseres täglichen Lebens Verwendung. Das reicht von der Gesundheit über die Pflege bis zum Wohlbefinden und der Küche (detaillierte Angaben finden Sie in Kapitel 5). Die wichtigsten Anwendungsmöglichkeiten sind:

Aromabad

Im warmen Wasser entfalten sich die Düfte der ätherischen Öle und Hydrolate besonders gut und werden sowohl über die Geruchsnerven als auch über die Haut aufgenommen.

Aromaküche

Eine Vielzahl ätherischer Öle und Hydrolate kann zur Aromatisierung von Speisen und Getränken verwendet werden. Um die würzkräftigen Öle vernünftig dosieren zu können, sollten sie in kaltgepresstem Pflanzenöl verdünnt werden. Zur Verwendung als Würzöl eignen sich Kräuter wie Basilikum, Ingwer, Kümmel, Majoran oder Oregano besonders gut. Hydrolate sind mit Wasser mischbar, daher eignen sie sich sehr gut zum Vermischen mit Mineralwasser, allen Arten von Softdrinks oder alkoholischen Getränken.

Aromatische Hautpflege

In Gesichtscremes, Gesichtswasser und auf Kompressen steigern die duftenden Essenzen unser Wohlbefinden. Die Wirkstoffe der naturreinen ätherischen Öle oder Hydrolate werden von der Haut aufgenommen und durch den Blutkreislauf verteilt.

Duftlampe

Mit einer Duftlampe können Sie besonders leicht ein angenehmes Wohnklima schaffen. Ein Teelicht unter der Schale erhitzt die Mischung (Wasser und ein paar Tropfen ätherisches Öl) oder reines Hydrolat, und der Duft der feinen Öle kann sich verbreiten. Bestimmte Öle/Hydrolate haben eine leicht desinfizierende Wirkung, was besonders zur Grippezeit hilfreich sein kann.

Haarpflege

Besonders für spezielle Probleme wie Schuppen lassen sich mit Hilfe ätherischer Öle und Hydrolate Spezialshampoos und Haarwässer selbst herstellen. Ohne Zugabe von Chemikalien erzielt man häufig allein mit deren Wirkung eine Heilung.

Innere Anwendung

Ohne fachliche Kenntnisse sollten Sie ätherische Öle immer nur äußerlich und stark verdünnt anwenden, wie z.B. mit Kompressen, Nasenölen, Gurgelwasser usw. Natürlich ist auch eine Einnahme von Ölen möglich, was aber nur nach Absprache mit einem Arzt durchgeführt werden sollte. Denn trotz des guten Duftes darf nicht vergessen werden, dass die Substanzen in ihrer Reinform, dem ätherischen Öl, z.T. starke Gifte sind. Reine, selbst destillierte Hydrolate sind viel intensiver als Hydrolate bzw. Wässer, die es zu kaufen gibt. Prinzipiell ist es zwar möglich, selbst destillierte Hydrolate auch unverdünnt zu trinken, jedoch sollte man sich vorher bezüglich ihrer Wirkung genauer informieren.

Körper- und Massageöle

Ob als Sportöl oder zur Partnermassage, aromatische Hautöle lassen sich vielseitig einsetzen und nach eigenen Wünschen zusammenstellen. Als Basisöle eignen sich kaltgepresste Pflanzenöle, wie Jojoba-, Mandel-, Macadamia-, Weizenkeim- oder Avocadoöl. Die Basisöle enthalten wertvolle Pflegestoffe, die die Haut mit Nährstoffen versorgen.

Liköre

Auch heute noch sind viele ätherische Öle ein wichtiger Bestandteil von professionell hergestellten Likören, da die Likör-Hersteller nur dadurch garantieren können, dass die Inhaltsstoffe keinen saisonalen Schwankungen unterliegen und die Qualität und Zusammensetzung ihrer Produkte immer gleich bleibt. Wenn Sie Ihre Liköre selbst herstellen, können Sie statt Wasser auch Hydrolat verwenden.

Parfüms

Die Herstellung eigener Parfüm- und Parfümölmischungen ist eine interessante und spannende Herausforderung. Erstaunlich dabei ist vor allem, dass viele Personen, die bei käuflichen Parfüms eine Allergie aufweisen, keinerlei Reaktion bei selbst gemachten Parfüms aus selbst hergestellten Ölen haben.

Arten der Gewinnung

Wie kann das flüchtige ätherische Öl aus der Pflanze gewonnen werden, sodass eine hoch konzentrierte Form vorliegt? Im Folgenden stellen wir Ihnen kurz die verschiedenen Möglichkeiten vor, die in Kapitel 3 ausführlich erläutert werden.

Wasserdampfdestillation

Hydrolat (= Wasser mit geringem Ölanteil: wasserlösliche Anteile sowie eine kolloidale Suspension mit ätherischem Öl)

Die einfachste und schonendste Gewinnungsmethode ist die Destillation mit Wasserdampf. In einem Gefäß wird heißer Dampf durch die zerkleinerte Pflanze geleitet, der die flüchtigen Öle mitreißt. Nach dem anschließenden Abkühlen des Dampfes erhält man das Öl sowie das Hydrolat (= Wasser mit geringem Ölanteil: wasserlösliche Anteile sowie eine kolloidale Suspension mit ätherischem Öl). Prinzipiell können Sie mit diesem Verfahren aus fast allen Produkten Öle herstellen. Ein gravierender Vorteil dieser einfachen Methode besteht darin, dass diverse Umweltgifte und Schadstoffe nicht flüchtig sind und somit nicht in das Öl gelangen können. Pestizide allerdings, also Pflanzenschutzmittel, die sehr oft beim Anbau der Pflanzen verwendet werden, können kaum zu 100% entfernt werden. Achten Sie daher bei Ihren Grundstoffen möglichst immer auf hohe Qualität und unbehandelte Pflanzen, andernfalls wird das Öl nicht Ihre Gesundheit fördern, sondern eher das Gegenteil bewirken.

▲ Wasserdampfdestille

Bei einigen Herstellern werden die Pflanzenteile nicht mit Wasserdampf extrahiert, sondern direkt im Wasser ausgekocht. Diese Methode hat den Nachteil, dass ein großer Anteil der temperaturempfindlichen Stoffe zerkocht und somit die Qualität des Öles stark gemindert wird.

Fraktionierte Destillation

Bei einer Destillation verändert sich die Zusammensetzung des Destillats (= die Flüssigkeit, die am Kühler herausrinnt) während der Destillationsdauer. Die leicht flüchtigen Bestandteile kommen zu Beginn, die höher siedenden hingegen erst später. Wird während der Destillation das Auffanggefäß für das Destillat mehrmals gewechselt, erhält man somit mehrere Fraktionen des Destillats, mit jeweils geringfügig anderen Zusammensetzungen, man spricht von einer fraktionierten Destillation.

Bei einer herkömmlichen Destille, in der der Dampf aus dem Kessel auf kürzestem Weg zum Kühler geleitet und abgekühlt wird, macht dieses Verfahren nur bedingt Sinn. In diesem Fall werden die Einzelkomponenten nicht scharf genug aufgetrennt, sodass in jeder Fraktion mehr oder weniger alles enthalten ist, die Komponenten werden nur angereichert. Wird die „angereicherte" Fraktion noch einmal fraktionell destilliert, ist die betreffende Komponente in der neuerlichen Fraktion noch mehr angereichert usw. Dieses sehr arbeitsintensive, häufige Destillieren erübrigt sich, wenn in der Anlage zwischen Kessel und Kühlung ein vertikales Steigrohr oder eine Rektifikationskolonne (im Wesentlichen ein Steigrohr mit diversen Einbauten bzw. Füllkörpern) eingebaut ist. Innerhalb dieser Kolonne kondensiert der aufsteigende Dampf teilweise, er wird also flüssig, danach verdampft er wieder, er kondensiert erneut,

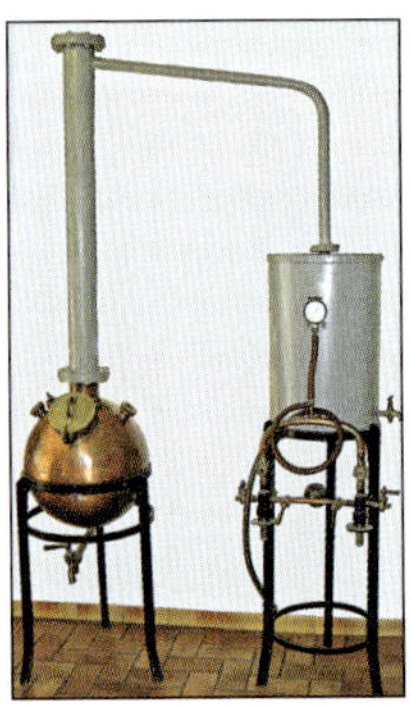

▲ Alte Anlage zur fraktionierten Destillation

usw., bis ganz oben, am Kopf der Kolonne, der Dampf sehr oft hintereinander destilliert wurde. Wie oft, hängt von der Konstruktion und Höhe der Kolonne ab.

Mit einer Rektifikationsanlage erfolgt somit eine größere Abtrenngenauigkeit als bei einer normalen Destillation. Es ist im Prinzip nichts anderes als eine normale Destillation, die viele Male hintereinander durchgeführt wird. Durch diese bessere Abtrenngenauigkeit ist es möglich, sogar einzelne Duftkomponenten eines ätherischen Öles abzutrennen. Mit einer fraktionierten Destillation wird daher z.B. aus Geranienöl der Rosenduft abgetrennt oder Kampfer aus Lavendel.

Moderne Destillationsanlage mit (leerer) Kolonne zur fraktionierten Destillation ▼

Generell sollte zur Wasserdampfdestillation eine Destillationsanlage ohne Kolonne verwendet werden, um so viele unterschiedliche leicht flüchtige Inhaltsstoffe wie möglich zu erhalten. Das resultierende ätherische Öl und Hydrolat besteht aus einer breiten Vielfalt unterschiedlicher Komponenten, weswegen beide besonders wertvoll für Anwendungen wie beispielsweise die Aromatherapie sind. Die Pharmaindustrie benötigt hingegen in der Regel nur einen einzelnen arzneilichen Wirkstoff, daher wird das gewonnene Rohöl nochmals destilliert, diesmal jedoch mit einer Rektifikationskolonne sowie unter Vakuum (Vakuumdestillation), weil der Wasserdampf fehlt. Wasserdampf kann Komponenten aus dem Pflanzenmaterial extrahieren, welche einen höheren Siedepunkt als die Dampftemperatur von 100 °C haben. Ohne Dampf ist zum Destillieren von reinem ätherischen Öl daher Vakuum notwendig, weil sich dadurch die Siedetemperaturen der Inhaltsstoffe stark vermindern. Wenn nicht wie im Labor als Kühlfalle flüssiger Stickstoff (Siedepunkt –196 °C bei Normaldruck) verwendet wird, hat eine Vakuumdestillation den Nachteil, dass Bestandteile vom Öl, die leichter verdampfen als der Rest, mit der Vakuumpumpe abgesaugt werden.

Co-Destillation

Manche Pflanzen geben ihren Duft nur frei, wenn sie zusammen mit einem Trägerstoff destilliert werden, welcher den Duft aufnimmt. Meistens ist der Trägerstoff eine andere ölhaltige Pflanze, manchmal jedoch auch direkt ein ätherisches Öl. Typische co-destillierte Öle sind (junge) Brennnesselblätter, Bergwiesenheu und Algen. Als pflanzliche Trägerstoffe werden üblicherweise Zeder oder Gummibaum verwendet, jedoch kommt auch das Copaivabalsam, eine sirupähnliche Flüssigkeit, die durch Anritzen der Rinde verschiedener Copaifera-Arten gewonnen wird, zum Einsatz.

Oft sind bei diesen Kombinationen die Duftpflanze und der Trägerstoff aufeinander abgestimmt, z.B.: Wiesenkönigin (Mädesüß) mit Rosmarin, Zitronenmelisse mit Zitronengras, Kamillen mit Zitronenöl, Orangenblüten mit Bergamottöl.

Kaltpressung

Dieses Verfahren zur Gewinnung von ätherischen Ölen wird ausschließlich für Zitrusfrüchte angewandt, bei dem die Schalen zerkleinert und mit ein wenig Wasser versetzt werden. Nach dem Pressen wird das ätherische Öl in einer Zentrifuge (= ähnlich einer Schleuder) vom Wasser getrennt. Kalt gepresste ätherische Öle enthalten Harze und Wachse, daher sind sie auch farbig und undurchsichtig trüb. Ob dies vorteilhaft oder von Nachteil ist, hängt von der jeweiligen Anwendung ab. Einerseits wird oft beschrieben, dass Zitrusschalen kalt gepresst werden sollen, da gewisse Inhaltsstoffe besonders temperaturempfindlich seien. Andererseits enthalten gepresste Zitrusöle eine fototoxische Substanz, daher ist es nicht ratsam, ein Sonnenbad zu nehmen, nachdem man sich mit Massageöl aus gepresstem Zitrusöl einmassiert hat. Dieses Problem besteht nicht bei dampfdestillierten, klaren, farblosen Zitrusölen, welche übrigens einen sehr feinen, angenehmen Zitrusduft verströmen. Außerdem sind Harze und Wachse streng genommen Verunreinigungen im ätherischen Öl, beispielsweise verringert sich dadurch die Haltbarkeit, auch verändert sich dadurch der Duft.

Im Handel erhältlich sind destillierte Zitrusöle nur sehr selten. Um den Unterschied zu den gepressten Ölen zu verdeutlichen, werden sie als Zitrusschalenöl bezeichnet, also Zitronenschalenöl, Orangenschalenöl usw.

Extraktionsverfahren

Bei dieser Methode der Ölgewinnung wird mit Hilfe eines Extraktionsmittels der Pflanze das Öl entzogen, also extrahiert. Je nach Extraktionsmittel unterscheidet man folgende Arten:

Lösemittelextraktion

Die Pflanzenteile werden zusammen mit organischen Lösemitteln wie z.B. Hexan, Petroläther oder Tetrachlorkohlenstoff erhitzt, im industriellen Maßstab werden sie dafür in übereinander liegende Roste gelegt, und das Lösemittel durchströmt Boden für Boden. Da ätherische Öle in diesen Lösemitteln sehr gut löslich sind, kann nahezu das gesamte Öl auf diese Weise extrahiert werden. Dann wird das Lösemittel mittels Vakuumdestillation abgedampft. Als Rückstand entsteht eine feste, wachsartige duftende Masse, das so genannte *Concretes*. Concretes kann direkt für Seifen verwendet werden, meist ist dies aber nur eine Zwischenstufe im Verarbeitungsprozess.

Beispiel: *Aus 1.000 kg Rosen erhält man ca. 250 g ätherisches Öl, jedoch 2,5 kg Concretes bzw. 1,5 kg Absolues.*

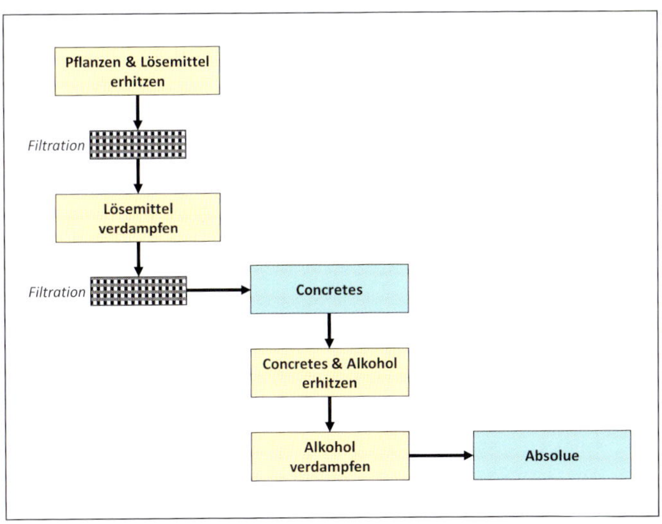

◄ Schema der Lösemittelextraktion

▲ Rosenconcretes und Rosenabsolue (v.l.)

Das Concretes wird üblicherweise im nächsten Schritt mit Ethanol erhitzt, der Rückstand nach dem Verdampfen des Alkohols wird *Absolues* genannt, welches im Gegensatz zum Concretes ein zähes Öl, also flüssig ist.

Jüngste Untersuchungen wie an der TU Graz in Österreich haben gezeigt, dass bei der Lösemittelextraktion vor allem die apolaren Bestandteile (chemische Verbindungen ohne elektrische Ladungsschwerpunkte) extrahiert werden, wohingegen bei der Wasserdampfdestillation die polaren Bestandteile überwiegen, also chemische Verbindungen mit elektrischen Ladungsschwerpunkten (so ähnlich wie die Nord-/Süd-Pole eines Magneten oder die Plus-/Minus-Pole einer Stabbatterie). Daher ist es am sinnvollsten, das Pflanzenmaterial mit mehreren Methoden nacheinander zu behandeln, beispielsweise zuerst mit der Wasserdampfdestillation, danach der Kohlendioxid-Extraktion (siehe unten) und schlussendlich der Lösemittelextraktion. Auf diese Weise werden aus ein und demselben Pflanzenmaterial vier unterschiedliche Produkte gewonnen: ätherisches Öl und Hydrolat aus der Destillation und die Extrakte der beiden anderen Verfahren. Aufgrund der unterschiedlichen Zusammensetzung der jeweiligen Produkte hat jedes auch ein anderes Anwendungsgebiet, es ist daher auch nicht sinnvoll, z.B. das destillierte Öl und die Extrakte zu vermischen.

Durch die Lösemittelextraktion ergeben sich deutlich bessere Ausbeuten als mit der Wasserdampfdestillation, allerdings bleiben immer geringe Lösemittelreste zurück.

Dies führt dazu, dass diese Öle nicht für medizinische oder aromatherapeutische Anwendungen geeignet sind.

Ein weiterer negativer Aspekt der Lösemittelextraktion: Alle verwendeten Lösemittel gehören zur großen Gruppe der Benzole, Benzine und Alkohole. Aber auch ätherische Öle sind chemisch gesehen Alkohole. Aufgrund der stofflichen Vielfalt der ätherischen Öle und der chemischen Nähe zum Lösemittel entstehen Mischungen und Verbindungen, die niemand genau vorhersagen, erkennen und bestimmen, geschweige denn bei der Rückstandskontrolle nachweisen kann. Gesucht wird dort nur nach der chemischen Anwesenheit des Ursprungslösemittels, und das hat man unter Umständen bis zu einer „grenzwertunterschreitenden Winzigkeit" wieder entfernt. Was jedoch an neuen, eventuell auch stabilen Stoffverbindungen durch den Lösungsprozess entstanden ist, ist weder quantitativ noch qualitativ zu erfassen oder zu bewerten.

Enfleurage

In diesem Verfahren werden die Blüten von Pflanzen wie z.B. Jasmin oder Rosen in Schweinefett (auch andere Fette sind möglich, siehe Kapitel 3) gedrückt – dadurch extrahiert das Fett die Duftstoffe. Nach ein bis zwei Tagen werden die Blüten durch neue ersetzt und dieser Vorgang so lange wiederholt, bis das Fett mit dem Duftstoff gesättigt

◄ Klassische Enfleurage mit Blüten

ist, dies dauert ca. zwei bis drei Monate. Das ölhaltige Fett nennt man *Pomade*. Anschließend wird das Schweinefett mit Alkohol übergossen, wobei sich ein großer Teil der Öle im Alkohol löst. Nun wird der Alkohol wieder eingedampft oder es werden direkt die alkoholischen Lösungen für die Weiterverarbeitung verwendet. Die Enfleurage wird heute fast nur noch zu Demonstrationszwecken angewandt.

Mazeration / Infusion

Die Mazeration ist die älteste Art der Ölgewinnung, sie verläuft ähnlich der Enfleurage, nur werden die Pflanzen in neutralem Trägeröl (siehe Kapitel 3 und 5) eingelegt. Man wechselt die Pflanzen immer wieder, bis das Trägeröl mit ätherischem Öl gesättigt ist. Wird das Öl währenddessen auf 65 °C erhitzt, nennt sich das Verfahren Infusion. Das angereicherte Öl kann entweder direkt verarbeitet werden, oder man behandelt es wie bei der Enfleurage mit Alkohol.

Resinoid-Herstellung

Vor allem bei der Ölgewinnung aus Harzen kommt diese Methode zur Anwendung. Die Harze werden mit Toluol oder Ethanol erhitzt, das ätherische Öl löst sich darin relativ gut auf (trotzdem ist es notwendig, das Gemisch Stunden oder sogar Tage zu kochen), anschließend werden die Lösemittel abgedampft. Da auch bei diesem Verfahren die Lösemittel nicht vollständig entfernt werden können, wird Ethanol als Lösemittel bevorzugt.

Kohlendioxid-extraktion

Kohlendioxid oder Butan, die sich unter Druck verflüssigen, lösen die ätherischen Öle aus der Pflanze. Die auf diese Art hergestellten Öle weichen in ihrer Zusammensetzung von den mit Wasserdampf gewonnenen ab. Ob dadurch Nachteile beim Gebrauch in der Aromatherapie entstehen, ist noch ungeklärt.

Qualitätsprüfung

So alt die Geschichte der ätherischen Öle ist, so alt ist die Geschichte der Fälschungen! Neben vielen chemischen Untersuchungsmethoden stehen verschiedene physikalische Analyseverfahren zur Qualitätsprüfung von äthe-

▲ Nur bei selbst hergestellten ätherischen Ölen sind Sie vor Fälschungen sicher.

rischen Ölen zu Verfügung: Farbbestimmung, Dichtebestimmung, Messung des Brechungsindex sowie des Siede- und Schmelzbereiches,…

Ein modernes Verfahren ist die Analyse der Zusammensetzung und quantitativen Verteilung der Komponenten eines ätherisches Öles. Die jeweiligen Bestandteile können mit der Gaschromatografie aufgetrennt und anschließend analysiert werden. Vor allem die chirale Gaschromatografie kommt zum Einsatz, bei der die einzelnen Enantiomere im Öl aufgetrennt werden. Dies ist die einzige Methode, um zu erkennen, ob eine Substanz synthetisch oder natürlichen Ursprungs ist. Enantiomere sind Moleküle, die sich wie die rechte und linke Hand oder Bild- und Spiegelbild zueinander verhalten. Das heißt, sie sind gleich, können aber nicht zur Deckung gebracht werden. Chemisch verhalten sich Enantiomere wie zwei verschiedene Substanzen, physikalisch sind sie auch großteils verschieden.

Was kann man damit erkennen? Die Natur produziert Verbindungen mit einem anderen Enantiomerenverhältnis als der Laborchemiker. Das heißt, dass z.B. in einem echten Öl mehr „rechte“ als „linke“ Moleküle vorkommen.

Hinweis: *Häufig von synthetischen Fälschungen betroffen sind folgende Öle: Bergamotte, Lavendel, Melisse, Rose, Jasmin, Geranie, Zimt, Neroli, Petitgrain, Latschenkiefer, Rosmarin, Thymian.*

Wird dieses Öl im Labor nachgebaut, hat es jedoch mehr „linke" als „rechte". Somit ist aus dem Gaschromatogramm ersichtlich, wie natürlich das Öl tatsächlich ist. Dies ist vor allem in der Aromatherapie wichtig, da Öle mit „natürlichem Enantiomerenverhältnis" eine völlig andere Wirkung auf den Körper haben als Syntheseöle mit einem davon abweichenden Enantiomerenverhältnis.

1989 hat eine Untersuchung gezeigt, dass von allen angebotenen Lavendelölen ca. 80% gefälscht waren. Ohne chirale Gaschromatografie wäre dieser Befund nicht möglich gewesen.

Die neueste Entwicklung bei Echtheitsprüfungen ist die Kristallanalyse. Auch in Fällen, in denen die chirale Gaschromatografie keine aussagekräftigen Ergebnisse liefert, ist diese Methode zuverlässig, da das Kristallwachstum und die Kristallgeometrie derart spezifisch sind, dass sogar Öle der gleichen Pflanze aber von unterschiedlicher Herkunft unterschieden werden können.

Es existieren aber nicht nur synthetische Fälschungen. Häufig werden auch teure ätherische Öle mit preisgünstigeren vermischt, so z.B. Eisenkraut mit Zitronenverbene oder Lavendel mit Lavandin, Rose mit Geranie. Üblich ist es auch, echte ätherische Öle mit neutralen Ölen und/oder Paraffinöl zu strecken. Da dies, wie bei Parfums, auch heute noch die häufigste (weil billigste) Fälschungsmethode ist, können solche Fälschungen mit dem simplen „Fettflecktest" (siehe S. 18) erkannt werden. Da Rohöle meist nur in verunreinigter bzw. verfälschter oder gestreckter Form erhältlich sind, werden diese vor ihrem Einsatz ausnahmslos immer mittels Rektifikation gereinigt. Wie genau diese Reinigung erfolgt, hängt von den Erfordernissen des jeweiligen Endproduktes ab. Für pharmazeutische Produkte müssen die Öle sehr gut gereinigt werden, für Kosmetikprodukte und Seifen reicht eine mittelmäßige Reinheitsstufe aus und Öle für Duftlampen kommen sehr oft ungereinigt in den Handel.

Der Begriff „ätherisches Öl" ist bis heute nicht geschützt, d.h. wenn reines ätherisches Öl auf einem Fläschchen steht, heißt das nicht automatisch, dass auch echtes, naturreines ätherisches Öl enthalten ist.

Kapitel 3

Schritt für Schritt zum eigenen Öl

Die spärlichen Literaturstellen zur häuslichen Herstellung von ätherischen Ölen legen die Vermutung nahe, dass von einer komplizierten Herstellung ausgegangen wird. Mit wenig Aufwand und Arbeit verbunden, kann man aber mit einfachsten Mitteln eigene Öle herstellen. Ein Kräutergarten ist sicherlich hilfreich, aber viele Produkte wie Zitrusfrüchte und Gewürze lassen sich auf jedem Markt finden. Im Folgenden werden wir anhand der bereits vorgestellten Verfahren genau erläutern, wie einfach es ist, naturreine, ätherische Öle herzustellen.

Wasserdampfdestillation

Die Wasserdampfdestillation ist eine sehr schonende Methode für das Destilliergut, das in der Pharmazie *Droge* genannt wird, und eignet sich für alle Pflanzen. Auch aus Zitrusfrüchten kann auf diese Art Öl gewonnen werden. Das gewonnene ätherische Öl ist frei von Chemikalien – sofern saubere Pflanzen verwendet werden – und kann bedenkenlos für alle Produkte genutzt werden.

Das Prinzip

Was versteht man unter einer Destillation und einer Wasserdampfdestillation? Bei einer Destillation wird ein Gemisch aus zwei oder mehr Flüssigkeiten zum Kochen gebracht, dadurch entsteht Dampf. Dieser Dampf ist mit der Komponente angereichert, die den niedrigeren Siedepunkt hat. Der Dampf wird anschließend in einen Kühler geleitet, wo er durch die Abkühlung kondensiert, also wieder flüssig wird. Das Produkt, das so genannte Destillat, ist nun mit der niedriger siedenden Substanz angereichert.

Eine klassische Anwendung der Destillation ist das Schnapsbrennen. Hier wird vergorenes Obst mit einem geringen Alkoholgehalt (im Wesentlichen ein Alkohol-Wasser-Gemisch) destilliert. Wasser siedet bei 100 °C, Alkohol (Ethanol) bei 78,5 °C. Dadurch reichert sich der Alkohol im Dampf an, und das Produkt ist hochprozentiger Alkohol, also Schnaps.

► Das Prinzip der Destillation

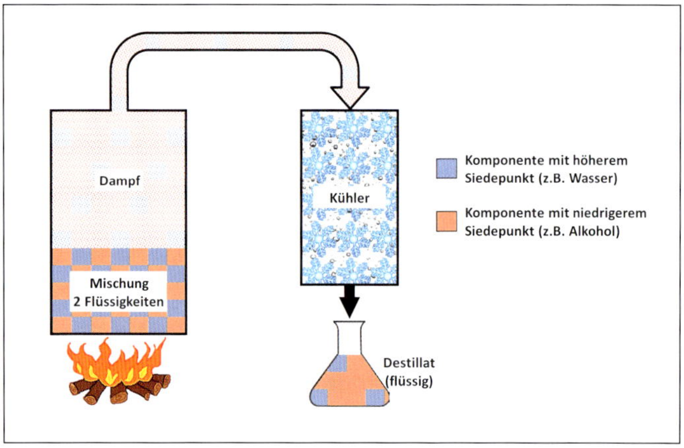

► Das Prinzip der Wasserdampfdestillation

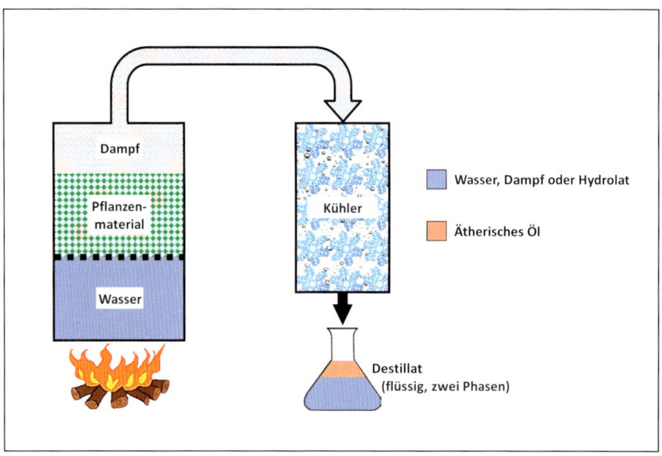

Bei der **Wasserdampfdestillation** befindet sich das Destilliergut nicht direkt im Wasser, sondern über dem kochenden Wasser. Durch den Wasserdampf werden die leicht flüchtigen Substanzen im Destilliergut mitgerissen und strömen zusammen mit diesem bis zur Kühlung, wo das Gemisch wieder kondensiert.

Nach der Kühlung ist das Destillat – ebenso wie bei der normalen Destillation – flüssig. Allerdings mischen sich das flüssige Wasser und das flüssige ätherische Öl nicht miteinander, es bilden sich somit zwei Phasen: die Ölphase, die bis auf wenige Ausnahmen immer obenauf schwimmt, und die wässrige Phase, die sich fast immer unten befindet. Die wässrige Phase wird Hydrolat oder Blütenwasser genannt, sie enthält ca. 5-8% ätherisches Öl.

Sie kennen das Vorliegen von zwei Flüssigkeitsphasen sicherlich aus der Küche: Wenn Sie ein Salatdressing aus Essig und Öl herstellen, schwimmt das Öl obenauf.

Im Hydrolat befinden sich nun überwiegend die wasserlöslichen Wirkstoffe der Pflanze, die vom Dampf mitgerissen werden, im Öl die fettlöslichen Wirkstoffe.

▲ Zwei Phasen am Beispiel Gewürztagetes (s. S. 132): oben die Ölphase (Tagetesöl), unten die wässrige Phase (Tageteshydrolat)

Die Destillen

Um nach dem oben beschriebenen Prinzip ätherisches Öl selbst herzustellen, benötigt man eine so genannte Wasserdampfdestille. Diese besteht aus einem **Kessel**, indem sich sowohl das Wasser als auch das Destilliergut (zu extrahierende Pflanzenteile) befindet. Der Kessel ist mit einem **Aromakorb**, eine Art Sieb, ausgestattet, der das Destilliergut über dem Wasser hält. Somit befindet sich die Droge im Dampfraum und wird nicht zerkocht. Des Weiteren wird eine **Heizquelle** benötigt. Hierbei kann es sich um einen Gasbrenner, Spiritusbrenner, Elektroherdplatte, Gasherd oder auch eine offene Feuerstelle handeln. Wird nun das Wasser im Kessel erhitzt bis es kocht, entsteht Wasserdampf. Dieser steigt nach oben, durchdringt das Destilliergut und reißt die ätherischen Öle aus der Pflanze mit. Im oberen Teil des Kessels liegen nun sowohl Wasser als auch ätherisches Öl in Dampfform vor.

Der Kessel ist mit dem **Dom,** einer Art Deckel, luftdicht verschlossen, damit der Dampf nicht entweichen kann. Die Anlage ist aber keinesfalls komplett verschlossen, da sich oben im Dom ein Ausgang mit einer Rohrleitung, das so genannte **Geistrohr**, befindet. Das Geistrohr führt den Dampf in die Kühlspirale des Kühlers. Der **Kühler** ist eine Art Topf, gefüllt mit Kühlwasser, das die Kühlspirale – ein spiralförmiges Rohr im Inneren des Topfes – umspült und kühlt. In der Kühlspirale wird der Dampf abgekühlt bis er kondensiert, sich also verflüssigt.

▶ Prinzipieller Aufbau einer Wasserdampf-destillation

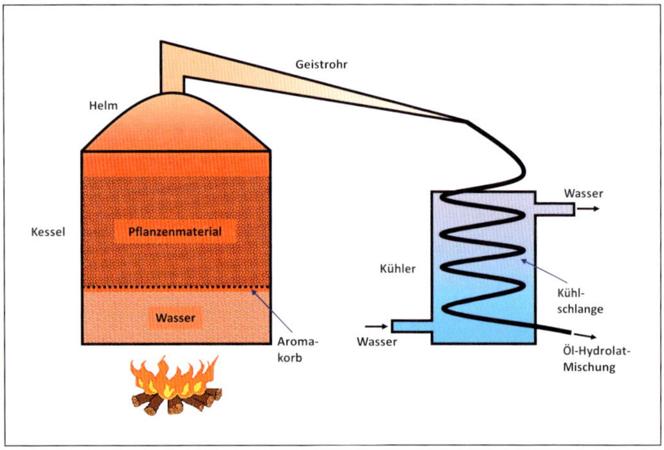

Konstruktion einer eigenen Destille

Um selbst eine Wasserdampfdestille herzustellen, gibt es mehrere Möglichkeiten. Diese reichen von einer professionellen Destille bis hin zu einfachen Geräten, die man in jeder Küche findet. Es bieten sich folgende Varianten für eine Anlage an:

Einfache Konstruktionen:
- ▷ Teekessel
- ▷ Druckkochtopf
- ▷ Wok-Destille

Professionelle Konstruktionen:
- ▷ Klassische Destille mit Geistrohr
- ▷ Klassische Destille mit senkrechter Kühlung
- ▷ Destille aus Glas

Teekessel

Diese Variante eignet sich sehr gut für einen ersten Versuch.

Sie nehmen einen Teekessel und füllen ihn zur Hälfte mit Wasser. Dann geben Sie das fein zerkleinerte Pflanzengut hinzu. Den Stutzen des Pfeifventils (das Ventil selbst wird abgenommen) verschließen Sie mit dem Stopfen. In dessen Bohrung kommt das Glasrohr und darauf wird der Schlauch gesteckt, der in das Glasgefäß führt. Das Gefäß darf nicht luftdicht mit dem Schlauch verschlossen werden. Achten Sie darauf, dass der Schlauch vom Kesselausgang bis zum Glas immer abwärts gerichtet ist, andernfalls würde sich im Schlauch die Flüssigkeit sammeln. Verwenden Sie keinen Gummischlauch, denn das dampfförmige Wasser-Öl-Gemisch nimmt den Geruch des Gummis sehr rasch an.

Heizen Sie den Teekessel auf. Sobald das Wasser zu kochen beginnt, entweicht der Dampf durch den Ventilstutzen. Bei dieser einfachen Konstruktion dient das Schlauchstück als (Luft)Kühler, daher muss der Dampf bereits im Schlauch kondensieren, d.h. es darf nur Flüssigkeit, kein Dampf austreten. Reicht die Länge des Schlauchstückes dazu nicht aus, verlängern Sie dieses mit einem Schlauchverbinder (Schlaucholive) und einem zusätzlichen Schlauchstück und wickeln ein kaltes, nasses Tuch um den Schlauch. Dieses wechseln Sie, sobald es warm geworden ist.

Beenden Sie den Destillationsvorgang, wenn sich zwei Drittel der Wassermenge, die Sie in den Kessel gefüllt haben, in der Flasche gesammelt haben.

Materialliste:

- *Teekessel*
- *ca. 1-2 m Silikonschlauch, passend zum Glasrohr*
- *Stopfen, mit einer Bohrung für das Glasrohr (chemikalienresistent, am besten Silikon)*
- *5 cm Glasrohr*
- *Glasgefäß (z.B. kleine Flasche)*

Kosten: ca. 30 €

Beispiel:

Sie füllen in den Kessel 1 l Wasser ein, dann sollten Sie so lange destillieren, bis sich im Auffanggefäß ca. 600 ml befinden.

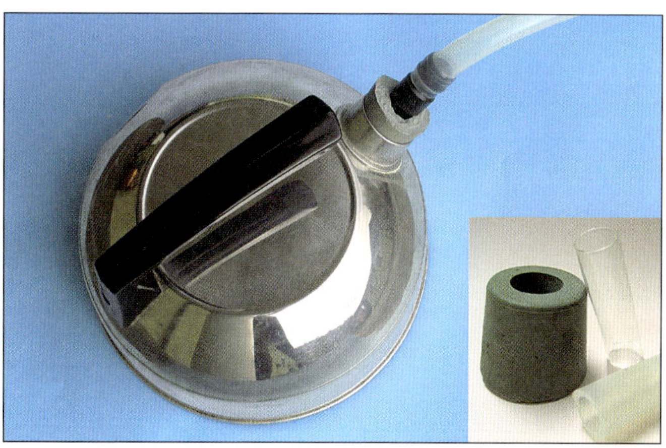

◄ Teekessel mit Stopfen, Glasrohr und Silikonschlauch

Das fertige Produkt ist ein stark duftendes Wasser – allerdings dürfen Sie nicht mit einer hohen Ausbeute an ätherischem Öl rechnen. In der Teekanne wird die Droge ausgekocht, dadurch werden Teile der Aromen zerstört, man erhält somit nicht die gleiche Produktqualität wie bei einer echten Destille. Das Duftwasser können Sie direkt in den einzelnen Produkten anstatt des Hydrolats verarbeiten (siehe Kapitel 5).

Vorteil:
+ sehr einfach zu konstruieren
+ eignet sich gut für den ersten Versuch

Nachteil:
– man erhält kaum ätherisches Öl, lediglich Duftwasser
– das Pflanzengut wird zerkocht, da ein Aromakorb fehlt
– ineffektive Kühlung, es kondensiert nur ein Teil des Dampfes

Materialliste:
- *Druckkochtopf*
- *Aromakorb (z.B. Dünsteinsatz, Nudelnetz, Metallsieb)*
- *5 cm Glasrohr*
- *Stopfen mit einer Bohrung für das Glasrohr (chemikalienresistent, am besten Silikon)*
- *ca. 1-2 m Silikonschlauch, passend zum Glasrohr*
- *Glasgefäß (z.B. kleine Flasche)*

Kosten: ca. 110 €

Druckkochtopf

Die Ölgewinnung mit dem Druckkochtopf funktioniert ähnlich wie mit der Teekanne. Allerdings besteht hier die Möglichkeit, einen Aromakorb einzusetzen, der die Produktqualität erhöht, da die Droge nicht zerkocht wird.

► Dünsteinsatz mit Metallfüßchen

Der Aromakorb sollte nicht ganz bis an den Boden reichen, sondern auf Füßen stehen. Somit befindet sich die Droge im Dampfraum und nicht im Wasser. Dünsteinsätze aus Haushaltswarengeschäften eignen sich dafür sehr gut, allerdings müssen die Füßchen mit Metallröhrchen (Meterware im Baumarkt) verlängert werden. Auch Metallsiebe eignen sich hervorragend, aber achten Sie auch hier auf die Länge der Füßchen.

▲ Metallsieb

Für den Destillationsvorgang gilt das Gleiche wie beim Teekessel: Füllen Sie in den Druckkochtopf Wasser hinein – das Wasserniveau sollte dabei unter dem Boden des Aromakorbes bleiben. Dann geben Sie das Pflanzengut dazu. Nehmen Sie das Überdruckventil ab, verschließen Sie den Stutzen wie bei der Teekesselvariante mit dem Stopfen und dem aufgesteckten Glasrohr, und stecken Sie den Schlauch auf das Glasrohr. Auch bei dieser Variante sollten Sie maximal zwei Drittel des eingefüllten Wassers überdestillieren, damit der Kessel keinesfalls leer wird, während Sie noch aufheizen. Achten Sie auch hier auf eine stetig abfallende Kühlleitung, die gegebenenfalls verlängert bzw. mit einem feuchten Tuch zusätzlich gekühlt wird.

▲ Druckkochtopf mit Stopfen, Glasrohr und Silikonschlauch

Auch bei diesem Verfahren wird als Ergebnis überwiegend Duftwasser entstehen. Die Qualität ist aber deutlich besser, da die Pflanzen nicht zerkocht wurden.

Vorteil:	+ sehr einfach zu konstruieren
	+ eignet sich gut für den ersten Versuch
Nachteil:	– man erhält kaum ätherisches Öl, lediglich Duftwasser
	– ineffektive Kühlung, es kondensiert nur ein Teil des Dampfes

Wok-Destille

Materialliste:
- *Großer Kochtopf*
- *Aromakorb (z.B. Dünsteinsatz, Nudelnetz, Metallsieb)*
- *Wok*
- *Tasse aus Glas, Keramik oder Metall*

Kosten: ca. 120 €

Diese sehr einfache Konstruktion kommt einer echten Destille am nächsten, da hier eine Wasserkühlung vorhanden ist, sodass tatsächlich ein Großteil des Dampfes kondensiert.

Nehmen Sie einen möglichst großen Kochtopf und füllen Sie das Wasser bis unter den Boden des Aromakorbes. Für den Aromakorb gilt das Gleiche wie in den vorhergehenden Beispielen beschrieben. Bevor Sie jedoch die Pflanzen einfüllen, stellen Sie in die Mitte des Korbes eine Tasse. Dann verteilen Sie die Pflanzen rund um die Tasse, sodass diese oben frei bleibt. Nun stellen Sie den Wok auf den Topf. Statt eines Woks können Sie auch eine metallene Schneeschüssel bzw. Rührschüssel verwenden. Der Wok bzw. die Schüssel hat keinen flachen, sondern einen komplett runden Boden, nur so kann sich das Kondensat an einem Punkt sammeln. Prüfen Sie, ob sich die tiefste Stelle des Woks oberhalb der Tasse befindet, und füllen Sie den Wok mit kaltem Wasser. Sobald das Wasser kocht, steigt der Dampf auf und wird an der Unterseite des Woks gekühlt. Der kondensierte Dampf, also das Destillat, tropft dann von der Mitte des Woks – der tiefsten Stelle – in die darunter stehende Tasse. Beenden Sie die Destillation, wenn die Tasse fast voll ist. Erwärmt sich das

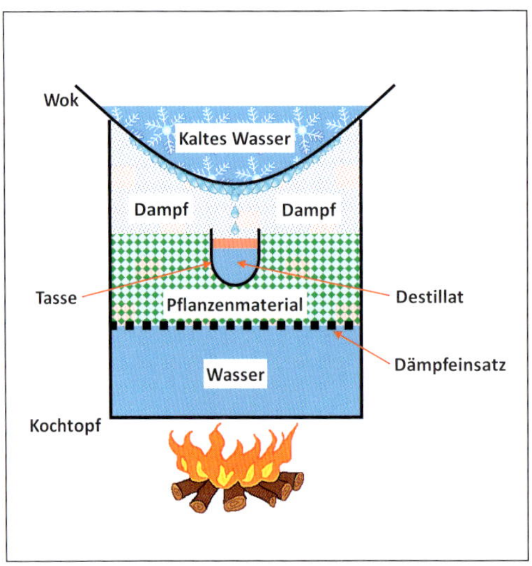

▲ Aufbau einer Wok-Destille

▲ Wok-Destille

Kühlwasser im Wok, schöpfen Sie es teilweise aus und füllen Sie kaltes Wasser (am besten vermischt mit zerstoßenen Eiswürfeln) nach.

Diese Anlagenkostruktion ist beinahe perfekt. Der einzige Nachteil liegt darin, dass sich das gesammelte Destillat *im* Kessel befindet und dadurch während der ganzen Destillationsdauer erhitzt wird, worunter die Qualität der Öle etwas leidet.

Vorteil:
+ sehr einfach zu konstruieren
+ eignet sich gut für den ersten Versuch

Nachteil:
- das Destillat ist während der Destillation heiß
- man sieht nicht, wann das Auffanggefäß voll ist
- eine Flasche mit dünnem Hals als Auffanggefäß ist nicht möglich, was das spätere Umfüllen erschwert

Klassische Destille mit Geistrohr

Dieser Anlagentyp hat bereits einen **professionellen** Aufbau. Die Anlage arbeitet drucklos, und ein Kühler ist vorhanden. Als Kessel kommen unterschiedliche Materialien in Frage: Kupfer, Edelstahl, Aluminium oder Glas. Der Kessel benötigt eine breite Öffnung, damit der Aromakorb hineinpasst. Sollten Sie keinen passenden Einsatz finden, lässt sich dieser auch leicht selbst herstellen: Bauen Sie sich einen Metallreifen, der ca. den Durchmesser des Kessels hat. An dem Reifen werden drei Füße befestigt. Anschließend umspannen Sie den Reifen mit metallischem Fliegengitter aus dem Baumarkt. Achten Sie darauf, dass der Korb nicht zu eng im Kessel sitzt, damit sie ihn nach beendeter Destillation leicht herausnehmen können.

Der Deckel der Anlage kann flach oder gewölbt sein. Kessel und Deckel müssen luftdicht verschlossen werden. Verwenden Sie hierfür keinen Gummi, sondern nur Silikon- oder Teflondichtungen. Es ist auch möglich, einen Silikonschlauch der Länge nach aufzuschneiden und diesen als Dichtung zu verwenden. Oder schmieren Sie eine

Materialliste:

- *Großer Kochtopf mit luftdicht verschließbarem Deckel, z.B. Schnellkochtopf*
- *Aromakorb: Drahtgitter, ca. 25 cm², darunter passender Metallring mit Füßen*
- *Steigrohr: Kupferrohr, d: 2 cm, l: 5 cm*
- *Knie mit Reduzierung von 2 auf 1 cm*
- *Geistrohr: Kupferrohr, d: 1 cm, l: 40 cm*
- *Reduzierstück aus Kupfer von 1 auf 0,5 cm*
- *Kühler: Kupferrohr, d: 0,5 cm, l: 3 m*
- *Rundholz oder Flasche*
- *Kühlgefäß: Plastikeimer*

Kosten: ca. 150 €

Hinweis:
Die Destille sollte so konstruiert werden, dass sie ohne Überdruck arbeitet, denn dieser schadet den Aromen und ist außerdem gefährlich für den Betrieb.

Mischung aus Mehl und Wasser auf die undichten Stellen. Beim Destillieren wird der Topf heiß und härtet dadurch diese Mischung aus.

Vom höchsten Punkt des Deckels, meistens ist dies die Deckelmitte, sollte das Geistrohr leicht nach unten geneigt in die Kühlung führen. Die Konstruktion eines senkrecht nach oben gestellten Geistrohres würde viele Bestandteile des ätherischen Öles zurückhalten.

Um zu verhindern, dass sich im Kessel beim Kochen ein Überdruck aufbaut, sollte der Durchmesser des Geistrohres z.B. bei einer Anlage bis zu 8 l Kesselinhalt ca. 1,5 cm betragen.

Das Geistrohr führt das Destillat in den Kühler, bei dessen Selbstbau ein Schlangenkühler die einfachste Variante darstellt. Hierfür biegt man z.B. ein dünnes Kupferrohr – ca. 0,5 cm Innendurchmesser bei Anlagen bis 8 l Kesselvolumen – um ein Rundholz, eine Flasche o.Ä. Die Kühlschlange sollte bei bis zu 8-l-Anlagen ca. 1,5 m Länge haben, der Abstand zwischen den Spiralschlingen sollte ca. 2 cm betragen. Die Kühlspirale wird zwecks Wasserkühlung in einen Topf oder Eimer eingebaut. Wenn Sie den Kühltopf bzw. -eimer mit zwei Stutzen ausstatten, einen für Kaltwasserzufuhr (unten am Topf) und einen für die Kühlwasserabfuhr (oben am Topf), können Sie den Kühler an die Wasserleitung anschließen. Für den Ablaufstutzen des Destillates machen Sie in den Eimer noch ein Loch und dichten dieses mit Sanitärsilikon ab.

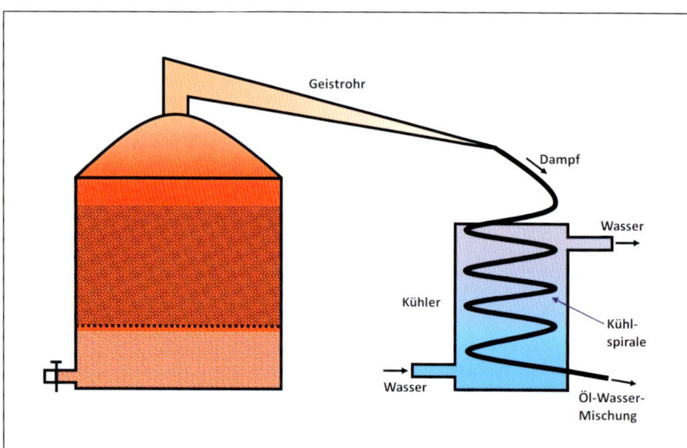

► Destille mit Geistrohr und Schlangenkühler

Als Alternative zum Schlangenkühler eignet sich auch ein so genannter Liebig-Kühler (benannt nach dem Erfinder dieser Kühlart). Dabei handelt es sich um ein ummanteltes, gerades Rohr, in das oben der Dampf einströmt und im Inneren kondensiert. Der Mantel ist mit zwei Stutzen, einen für die Kühlwasserzufuhr und einen für den Ablauf versehen. Falls Sie sich für einen derartigen Kühler entscheiden, sollte er leicht nach unten geneigt angebracht werden. Achten Sie auch darauf, dass das Kühlwasser von unten nach oben durch den Mantel geleitet wird.

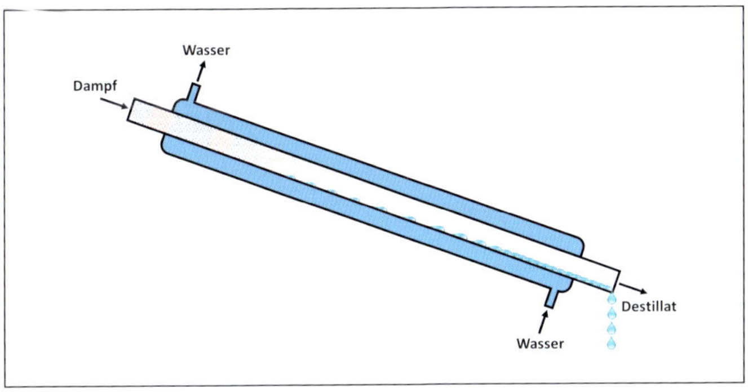

◄ Liebig-Kühler

Ein deutlicher Vorteil des Liebig-Kühlers bei der Öldestillation ist, dass das Öl nicht in der Kühlspirale hängen bleibt. Außerdem kann er mit einer Rohrbürste bzw. dünnen Flaschenbürste einfach gereinigt werden.

Wenn Sie Rückstände des ätherischen Öles aus einer Spirale oder einem langen Liebig-Kühler entfernen möchten, spülen Sie die Spirale bzw. das Rohr mit Aceton oder Weingeist aus. Weingeist ist unvergällter Ethanol mit einem Alkoholgehalt von 96%vol (nicht mit vergälltem Spiritus verwechseln!). Ein geringerer Alkoholgehalt löst nicht alle Ölsorten komplett auf, daher sollte der Gehalt zumindest 80%vol betragen. Zum Spülen genügen je nach Größe des Kühlers einige Milliliter bis einige Zentiliter. Diese Menge in den Kühler gießen, Kühler schütteln und schwenken, die Flüssigkeit ablassen, erneut in den Kühler geben, wieder schwenken und danach ablassen. Vorgang mit frischem Aceton bzw. Alkohol wiederholen, wenn notwendig auch ein drittes Mal. Damit bei der Verwendung von Aceton keine Reste im Kühler zurückbleiben, die Kühlspirale nach der Behandlung gründlich mit Spülmittel und viel warmem Wasser waschen. Da Aceton mit Wasser vollständig mischbar ist, wird dadurch das Aceton restlos entfernt. Im Fall von Alkohol kann der abgelassene Alkohol mit den darin gelösten ätherischen Ölen weiterverwendet werden, z.B. als Parfümgrundlage, für die Duftlampe (vorher verdünnen!), als Zusatz zu Kosmetikprodukten usw.

Vorteil: + ausgezeichnete Kühlung
+ kein Steigrohr, daher maximaler Ölgewinn
+ Drogen im Dampfraum

Nachteil: – großer Konstruktionsaufwand
– Ölverluste bei der Verwendung eines Schlangenkühlers

Klassische Destille mit senkrechter Kühlung

▼ Senkrechter Kühler mit integriertem Steigrohr

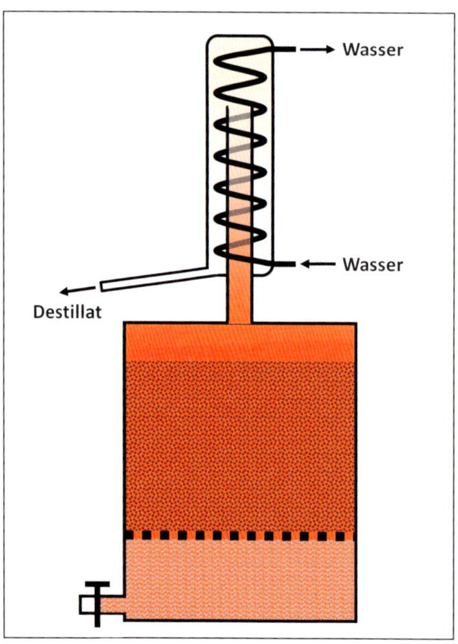

Es ist verfahrenstechnisch natürlich auch möglich, den Kühler direkt über dem Kessel anzubringen. In diesem Fall strömt der Dampf direkt nach dem Kessel in die Kühlung. Für diese Konstruktion eignen sich Rückflusskühler, in denen das Destillat gegen den aufsteigenden Dampfstrom nach unten rinnt. Eine Variante davon mit integriertem Steigrohr zeigt die Abbildung unten. Im Innern der Kühlvorrichtung befindet sich ein senkrechtes Rohr, in dem der Dampf bis in das obere Drittel des Kühlers gelangt. Um dieses Rohr wickelt sich eine Kühlschlange, durch die das Kühlwasser strömt. Der Dampf kondensiert an dieser Schlange und läuft im Kühler nach unten, wo sich auch der Ablauf für das Destillat befindet.

Durch das Steigrohr entsteht ein gewisser Rektifikationseffekt (siehe

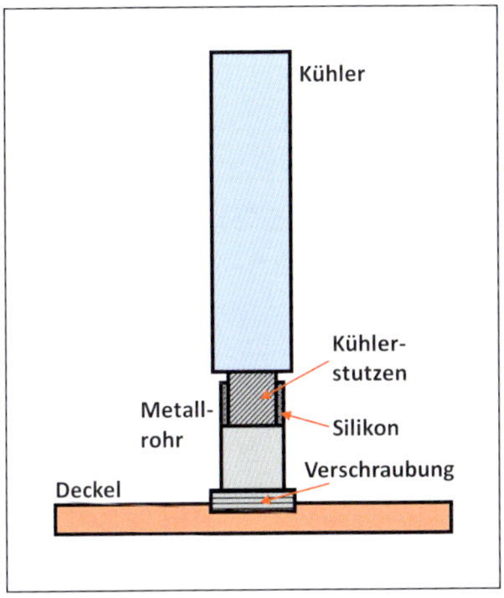

◄◄ Übergangsstutzen Metall-Glas für Rückflusskühler

◄ Kessel mit Rückflusskühler

Abschnitt „Fraktionierte Destillation"), wodurch einige Bestandteile der ätherischen Öle abgetrennt werden und so nicht in das Destillat gelangen. Ein weiterer Nachteil ist, dass ein Teil des Öles in der Spirale hängen bleibt, was besonders bei Pflanzen mit geringer Ölausbeute ärgerlich ist. Wie bei jedem anderen Kühler kann man dieses Öl nach abgeschlossener Destillation mit Alkohol aus dem Kühler waschen, sodass es dann zumindest in einer Alkohollösung vorliegt.

Rückflusskühler sind aus hitzebeständigem Glas gefertigt und im Laborbedarf erhältlich. Nennen Sie einen Kessel aus Metall ihr Eigen, dann ist ein Übergangsstück notwendig. Hierfür eignet sich ein Metallrohr, das einen etwas größeren Durchmesser als der untere Kühlerstutzen hat. Dieses Rohr wird am Kesseldeckel mit einer Mutter befestigt. An der Oberseite wird der Kühler hineingesteckt und der Metall-Glas-Zwischenraum mit hitzebeständigem Sanitärsilikon (125 °C) abgedichtet.

Materialliste

- *Großer Kochtopf mit luftdicht verschließbarem Deckel, z.B. Schnellkochtopf*
- *Aromakorb: Drahtgitter, ca. 25 cm², darunter passender Metallring mit Füßen*
- *Glaskühler mit NS 24/29 Schliff*
- *Metallhülse, d: 30 mm, l: 3 cm, mit äußerem Gewinde und passender Mutter*

Kosten: ca. 350 €

Vorteil: + perfekte Kühlung
+ Drogen im Dampfraum

Nachteil: – großer Konstruktionsaufwand
– teilweise Aromenverlust durch lange senkrechte Dampfführung
– Ölverluste in der Spirale

Materialliste:
- *Rundkolben 5 Liter, NS 24/29*
- *Glasrohr mit beidseitigem Schliff, NS 24/29*
- *Kühler mit NS 24/29 Schliff*
- *Heizpilz oder Ölbad*

Kosten: ca. 380 €

Destille aus Glas

Aus entsprechenden Laborgeräten lässt sich ebenfalls eine Destille bauen, denn die Glasteile können durch so genannte Normschliffe gasdicht ineinander gesteckt werden. Es eignen sich allerdings nicht alle Geräte für unsere Zwecke. Ein Rundkolben als Kessel hat z.B. eine zu enge Öffnung, sodass es keine Möglichkeit für einen Aromakorb gibt. Allerdings können Sie den Kolben als Dampferzeuger nutzen und ein Rohr oder einen Kolben mit zwei gegenüberliegenden Hälsen, gefüllt mit Pflanzenteilen, zwischen den Wasserkolben und Kühler setzen.

Als elektrische Heizung dient ein Heizpilz, dessen Form an einen Rundkolben angepasst ist. Man nennt ihn auch Heizhaube.

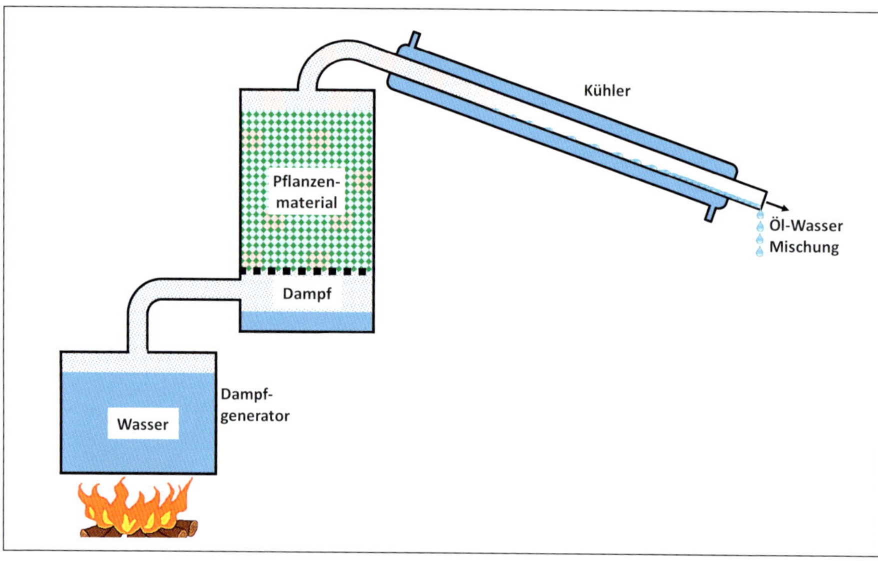

▲ Destille mit Dampferzeuger

Eine weitere Möglichkeit bietet der Dampferzeuger. Es handelt sich um einen Topf oder Kolben, in dem Wasser zum Kochen gebracht wird. Alternativ können Sie auch einen Teekessel verwenden. Der austretende Dampf wird dann durch ein mit Pflanzenteilen gefülltes Rohr oder einen Kolben geleitet und anschließend wieder abgekühlt. Unter dem Rohr mit den Drogen sollte sich ein Auffanggefäß befinden, denn besonders am Anfang, wenn die Apparatur noch kalt ist, kondensiert eine beträchtliche Menge

Wasser. Als Wasserdampfleitungen können auch Silikonschläuche verwendet werden.

Vorteil: + ausgezeichnete Wasserdampfdestille
Nachteil: – im anfangs auskondensierten Wasser befindet sich auch Öl, welches dann für das Destillat fehlt

Kauf einer Anlage

Wenn Sie mit dem Gedanken spielen, eine Anlage zur Öldestillation zu kaufen, dann sollten Sie unbedingt folgende Punkte berücksichtigen, damit die Anlage auch zum gewünschten Erfolg führt:

1. Die Anlage muss einen Aromakorb besitzen, andernfalls ist Sie für die Wasserdampfdestillation nicht sinnvoll einsetzbar. Die Kräuter und Blüten sollen nur durch den Wasser*dampf* extrahiert werden, nicht jedoch in der Flüssigkeit schwimmen.

2. Achten Sie auf eine breite Kesselöffnung für das Einfüllen der Droge sowie auf eine ausreichende Kesselgröße, da die Ölausbeute andernfalls zu gering wäre.

3. Der Querschnitt des Dampfrohres sollte möglichst breit sein. Je dünner und je länger das Rohr ist, umso größer auch der Druckverlust in der Anlage. Die Folge: Im Kessel entsteht ein Überdruck. Schon ein geringer Überdruck reicht aus, dass die Dampftemperatur stark ansteigt und so einen Teil der empfindlichen Inhaltsstoffe vom ätherischen Öl bzw. Hydrolat zerstört.

4. Das Material der Anlage darf den Dampf bzw. die Flüssigkeit aromatisch nicht beeinflussen. Zum Beispiel sind Gummidichtungen zu vermeiden, die nicht chemikalienresistent sind, da das Öl dann nach Gummi riecht. Hitzebeständiges Glas, Edelstahl oder Kupfer sind optimale Materialien, alle drei beeinflussen das Ergebnis nicht.
5. Die Anlage muss mit einem starken Brenner ausgerüstet sein bzw. der Kesselboden für den Herd geeignet sein, da sonst der Brennvorgang vor allem beim Aufheizen zu lange

dauern und nur ein Teil der leicht flüchtigen Substanzen den Kühler erreichen würde.

6. Die Anlage sollte aus mehreren Gründen keinesfalls mit einer automatischen Rückführung des Hydrolates in den Kessel ausgestattet sein, nicht nur, weil das wertvolle Hydrolat dann nicht mehr aufgefangen werden kann (siehe S. 77).

7. Der folgende Punkt gilt vorwiegend für Anfänger: Achten Sie auf eine professionelle Beratung, denn es werden zu Beginn Ihrer „Ölkunst“ immer wieder Fragen auftauchen.

Kleinanlagen

Die aus verfahrenstechnischer Sicht beste Anlage für die Herstellung ätherischer Öle entspricht den Prinzipien, die schon **Leonardo da Vinci** in einer Zeichnung festhielt. Demgemäß existieren nach dem Kessel keine (unnötigen) Dampfleitungen, die sich qualitätsmindernd auswirken könnten. Direkt oberhalb der Droge befindet sich die Kühlung – der Dampf wird also sofort nach der Aufnahme des Öles wieder abgekühlt. Je kürzer die flüchtigen Bestandteile den hohen Temperaturen ausgesetzt sind, desto besser wird die Qualität des ätherischen Öles sein. Als Kühlung dient eine von oben gekühlte Kuppel, die dafür sorgt, dass keine Verluste innerhalb der Anlage auftreten. Danach wird das Destillat auf kürzestem Weg in die Vorlage (Auffanggefäß) geleitet. Dieser Anlagentyp ist daher optimal für kleine Mengen und auch für Pflanzen mit sehr geringen Ölausbeuten geeignet.

▼ Originalskizze von Leonardo da Vinci

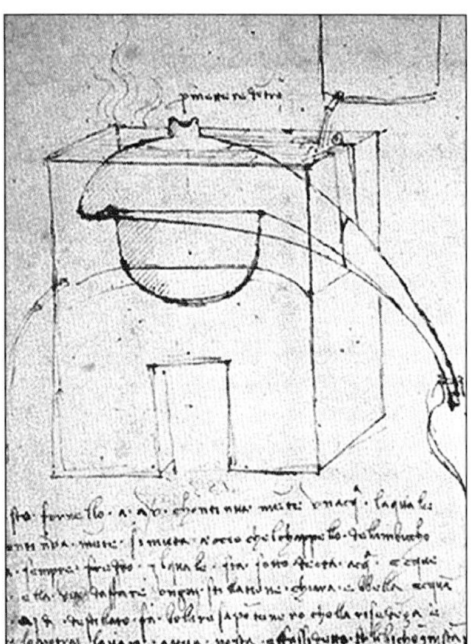

Entsprechend dieser Prinzipien haben wir die **LEONARDO® CLASSIC** und **LEONARDO® GRANDE** entwickelt und konstruiert. Diese per Hand gefertigte Destille besteht aus gehämmertem Kupfer. Durch das Hämmern verfestigt sich das Kupfermaterial, es wird also härter und widerstandsfähiger gegen chemische Einflüsse. Beispielsweise tritt bei normaler Verwendung Grünspan, ein bekanntes Problem bei unbehandeltem Kupfer, nicht auf. Als Heizquelle eignen sich ein E-Herd, eine Elektrokochplatte, ein Gasherd bzw. Campinggaskocher, ein Küchen-Holzherd oder auch offenes Feuer.

▲ LEONARDO® CLASSIC mit Aromakorb, Füllvolumen:
• Pflanzenmaterial: 3,5 Liter
• Wasser: 2 Liter
Preis: ca. 475 €

Die Anlage besteht aus drei Teilen und einem Aromakorb im Inneren. Bei beiden Varianten hat der unterste Teil, der Wasserkessel, ein Volumen von 2 Liter. Somit ist zur Wasserdampfdestillation die Destille in Ländern wie z.B. Österreich, der Schweiz, Italien, Liechtenstein, Luxemburg, Ungarn, Großbritannien, den USA, Kanada, Australien und vielen anderen meldefrei. (Jede Destillationsanlage mit einem Kesselvolumen größer als ein bestimmtes, national definiertes Volumen muss bei den zuständigen Behörden registriert werden, um zu verhindern, dass Alkohol destilliert wird, ohne die entsprechenden Steuern dafür zu zahlen.)

Die Form des mittleren Teils, des Behälters für das zerkleinerte Pflanzenmaterial, ist ausreichend niedrig und breit genug, um unerwünschte Rektifikationseffekte und damit die Abtrennung gewisser Inhaltsstoffe vom ätherischen Öl / Hydrolat zu vermeiden. Dasselbe gilt für das Verbindungsstück nach oben zum Kühler: Der Durchmesser ist ausreichend groß bemessen. Vergleichstests haben gezeigt, dass bei Anlagen in dieser Größe überhaupt kein ätherisches Öl entsteht, wenn der Übergang zu dünn ist.

Die Füllmenge bei der Variante Classic beträgt 3,5 Liter Pflanzenmaterial, bei der Variante Grande 6,2 Liter. Um die maximale Ölausbeute je kg Pflanzengut zu erhalten, muss der Leerraum zwischen Inhalt und Kühler so klein wie möglich sein, daher sollte eine Anlage immer voll-

◀ LEONARDO® GRANDE mit Aromakorb, Füllvolumen:
- Pflanzenmaterial: 6,2 Liter
- Wasser: 2 Liter

Preis: ca. 615 €

ständig befüllt werden. Aus diesem Grund haben wir zwei verschiedene Größen konstruiert. Die Classic hat das minimale Füllvolumen, um bei gängigen Pflanzensorten aus einem Küchenkräutergarten ätherisches Öl abscheiden zu können. Wenn z.B. bei 3,5 Liter zerkleinertem Material einer bestimmten Pflanzensorte 3,5 ml ätherisches Öl entstehen, bildet sich nahezu gar kein Öl mehr, wenn stattdessen 2 Liter desselben Materials verwendet werden (eigentlich wären 2 ml Öl zu erwarten gewesen). Die Grande eignet sich für Pflanzen mit einem extrem kleinen Ölgehalt (Rose, Zitronenmelisse, dt. Kamille usw.) oder wenn größere Materialmengen auf einmal verarbeitet werden sollen.

Der dritte Teil, der Kühldom, ist mit einem ausreichend großen Wasserbehälter ausgestattet, damit beim Destillieren der Dampf auch tatsächlich vollständig kondensiert, also wieder flüssig wird. Ist der Behälter zu klein, gelingt dies nicht, auch bei Verwendung von Eiswasser bzw. einem großen Kühlwasserdurchfluss.

Befüllen und Entleeren des Pflanzenmaterials ist konstruktionsbedingt einfach, schnell und ohne großen Arbeitsaufwand möglich. Da alle inneren Bereiche der Anlage, auch der Kühler, mit der Hand frei zugänglich sind, kann die gesamte Anlage innen und außen mühelos gründlich gereinigt werden, mit warmem Wasser, Geschirrspülmittel und einem Putzschwämmchen aus Schaumstoff sowie einer Rohrbürste für das Destillatabflussrohr.

Wegen der einfachen Handhabung und Reinigungsmöglichkeit, der höchsten Ölausbeute je kg Pflanzenmaterial und dem außergewöhnlich intensiven Hydrolat im Vergleich zu anderen Konstruktionen, Großanlagen oder ähnlich aussehenden Destillen ist die LEONARDO® die bevorzugte Destille bei Anwendern im Bereich der Aromatherapie, Phytotherapie, Kräuterkunde oder bei Kräuterpädagogen. Therapeuten, Heilpraktiker, Pharmazeuten, Parfümeure, Kräuterkenner, Gärtner, Floristen, Kräuter- und Teehändler, Forschungsinstitute, Universitäten, Fachhochschulen und andere Forschungseinrichtungen bzw. Aus- und Weiterbildungsstätten sowie die meisten SeminarleiterInnen aus diesen Bereichen verwenden die „Leo" ebenso wie HeimwerkerInnen, welche hobbymäßig Naturkosmetikprodukte aus selbst destillierten ätherischen Ölen und Hydrolaten herstellen. In Fachkreisen wird die LEONARDO® wegen der hohen Ölausbeute als Referenzanlage bezeichnet, beispielsweise führt die Technische Universität Graz damit Untersuchungen durch, um die Inhaltsstoffe der Produkte aus der Lösemittelextraktion, der CO_2-Extraktion und der Wasserdampfdestillation miteinander zu vergleichen. Unabhängig von uns sind von unterschiedlichen Autorinnen in den letzten Jahren mehrere Bücher erschienen, welche die Herstellung von Hydrolaten mit der LEONARDO® und die Anwendung dieser duftenden Wässer in der Kosmetik, zum Kochen, zum Backen, für Getränke und für viele weitere Anwendungen im Haushaltsbereich beschreiben. Auch hier: Teilweise werden auch andere Anlagen in diesen Büchern beschrieben, im direkten Vergleich sind diese jedoch nicht optimal funktionstüchtig.

Bei anderen Kleinanlagen treten Probleme auf wegen zu kleiner Füllmenge, zu dünnem Übergangsstutzen zum Kühler, zu klein dimensioniertem Kühler, inneren Bereichen, die zum Reinigen nicht erreichbar und / oder nur sehr umständlich und zeitaufwändig zu befüllen sind. Manchmal kontaktieren uns Anwender anderer Kleindestillen, weil es damit teilweise nicht möglich ist, auch nur einen einzigen Tropfen ätherisches Öl zu gewinnen, und das Hydrolat entsprechend dünn ausfällt. In einem dieser Fälle haben wir zusammen mit dem Anwender eine Art Destillationswettkampf durchgeführt, um herauszufinden, bei welcher Anlage mehr Öl entsteht. Er brachte seine ähnlich konstruierte Anlage und Pflanzenmaterial mit, klein geschnittene Fichtennadeln und Ästchen. Zeitgleich wurde mit beiden Anlagen mit gleichen Heizplatten und gleicher Füllmenge, jeweils 1,5 kg, destilliert. Bei seiner Destille kam kein einziger Tropfen ätherisches Öl heraus, bei der LEONARDO® Classic waren es 1,5 ml. Jemand anders schickte uns Zirbelkiefernadeln (Zirbennadeln) zu, da diese angeblich kein ätherisches Öl enthalten. Die gleiche Geschichte: Während seine Ausbeute null war, erhielten wir 7,5 ml Zirbenöl aus 2 kg fein geschnittener Nadeln.

Wie sehr oft bei erfolgreichen Produkten werden von einigen Händlern inzwischen andere Destillationsanlagen mit einer absichtlich verwirrend-ähnlichen Bezeichnung angeboten. Achten Sie daher auf den Schriftzug, nur „LEONARDO®“ ist das Original, erhältlich über die am Ende des Buches angegebene Bezugsadresse.

▼ LEONARDO® 85, Füllvolumen:
- Pflanzenmaterial: 67 Liter
- Wasser: 18 Liter
- Gesamt: 85 Liter

Preis: ca. 1.995 €

Das Bild zeigt den Größenvergleich LEONARDO® 85 zur LEONARDO® Classic.

Nachdem wir im Lauf der Jahre wiederholt gefragt wurden, ob es nicht möglich ist, eine wesentlich größere Destillationsanlage zur Herstellung ätherischer Öle und Hydrolate anzubieten, welche ebenfalls auf diesem Prinzip beruht, also mit Kühldom und Aromakorb im Inneren, möchten wir hier die neueste Entwicklung aus der LEONARDO®-Serie vorstellen, die **LEONARDO® 85**. Diese Anlage hat ein Gesamtfüllvolumen von 85 Liter, wobei das Füllvolumen Wasser 18 Liter und das Füllvolumen Pflanzenmaterial 67 Liter beträgt. Beheizt werden kann die Anlage mit einem Hockerkocher für Paella-Pfannen, entweder elektrisch oder als Gasbrenner erhältlich.

Ein Beispiel für einen „klassischen" Anlagentyp mit separatem Kühler und Kühlspirale ist die **Destille Deluxe**. Eigentlich haben wir diese Anlage zum Schnapsbrennen entwickelt und konstruiert, um bei Bränden und Geisten ein möglichst reichhaltiges Bukett zu erhalten, also Destillate mit möglichst intensivem Geschmack und Aroma. Im Gegensatz zum vorher beschriebenen Kühldom-Anlagentyp kann mit der Deluxe auch Alkohol destilliert werden, da die Kühlspirale effektiv genug ist, um den Alkoholdampf komplett zu kondensieren. Außerdem ist diese Anlage mit einem Dampfthermometer ausgestattet, sodass damit beim Schnapsbrennen die drei Fraktionen Vor-, Mittel- und Nachlauf abgetrennt werden können. Die Destille hat keine Kolonne, und das Geistrohr ist Richtung Kühler ein wenig nach unten geneigt, somit ist es eine perfekte „pot still", die auch zur Herstellung von ätherischen Ölen und Hydrolaten verwendet werden kann. Sie hat jedoch den Nachteil, dass ein (sehr) kleiner Teil des ätherischen Öles in der Kühlspirale hängen bleibt. Um diesen Anteil zu nutzen und zum Reinigen muss die Spirale daher wie bereits beschrieben mit Alkohol gespült werden. Dennoch ist die Deluxe eine gute Alternative, wenn Sie mit ein und derselben Anlage ätherische Öle herstellen und Schnaps brennen möchten.

▲ (ganz oben) Deluxe 7,8 Liter, Füllvolumen:

- Pflanzenmaterial: 6,2 Liter
- Wasser: 1,6 Liter
- Gesamt: 7,8 Liter

Preis: ca. 605 €
(darunter:) 3,8-Liter-Variante
(kleines Bild:) 2-Liter-Variante

Die Destille kann mit verschiedenen Kesselgrößen bestückt werden: 2, 3,8 oder 7,8 Liter Kesselvolumen. Bei der Wasserdampfdestillation sollten Sie beachten, dass diese Angaben das Wasservolumen von 1,6 Liter bereits beinhalten. Somit ist es zur Herstellung ätherischer Öle & Hydrolate am sinnvollsten, den 7,8-Liter-Kessel zu verwenden, da das Füllvolumen für das Pflanzenmaterial dann 6,2 Liter beträgt, bei den anderen Kesseln entsprechend weniger. Auch die Deluxe ist über die am Ende des Buches angegebene Bezugsadresse erhältlich.

Großanlagen

Bei Großanlagen wird der Wasserdampf der Anlage meist von außen zugeführt, d.h. das Pflanzengut kommt hier niemals mit dem kochenden Wasser in Berührung. Die Grafik zeigt das Schema einer Destille mit separater Dampfzufuhr.

Bei der Rosenölherstellung in der Türkei kommen große Kupferdestillen zum Einsatz. Hier wird ebenfalls Dampf zum Erhitzen der Rosen verwendet.

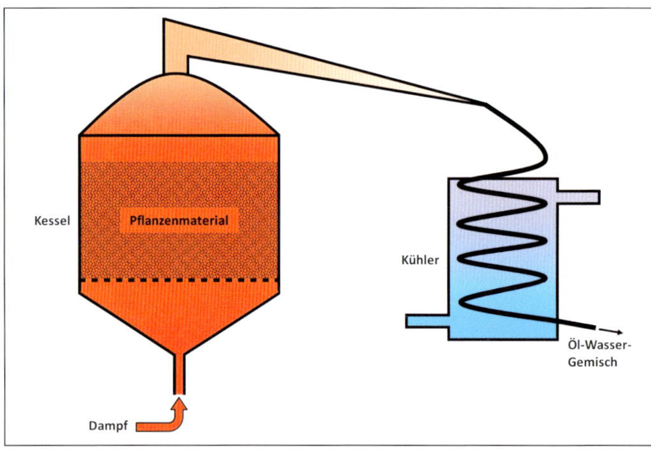

► Großanlage mit separater Dampfzufuhr

► Rosenölherstellung in der Türkei

Vorbereitung der Pflanzen

Die Ölausbeute hängt sowohl vom Erntezeitpunkt der Pflanze als auch von der Konservierungsmethode und der Aufbewahrungsart nach der Ernte (wenn sie nicht sofort verarbeitet wird) ab. Zusätzlich ist der Zerkleinerungsgrad der Pflanze vor dem Destillieren ausschlaggebend. Wenn alle diese Punkte beachtet werden, wird auch das Ergebnis exzellent sein.

Ernte

Rosen und Jasmin

Leider ist nicht für alle Pflanzen, die ätherische Öle enthalten, der richtige Erntezeitpunkt immer gleich. Rosen z.B. werden geerntet, wenn der Blütenkopf gerade aufgeblüht ist. Die Blütenköpfe werden kurz nach Sonnenaufgang ab fünf Uhr morgens geschnitten und sofort destilliert. Auch für andere Blüten wie Jasmin ist diese Methode üblich.

◄ Rosenernte in der Türkei

Lavendel

Lavendel hingegen sollte geschnitten werden, sobald die Blüten zu verblühen beginnen. Am besten etwa drei Viertel der Pflanze abschneiden und vor dem Destillieren in kleinen Bündeln drei Tage verkehrt herum aufgehängt trocknen. Beim Lavendel ist es auch möglich, die Pflanzen über einen längeren Zeitraum zu trocknen und später zu destillieren. Dies ist vor allem sinnvoll, wenn man einen größeren Lavendelbestand hat. Hierbei ist zu beachten, dass die Pflanzen in einem trockenen, gut durch-

▲ Tagetes, zum Trocknen aufgehängt

lüfteten Raum ohne direkte Sonneneinstrahlung trocknen sollten. Nach zwei bis vier Wochen sind die Pflanzen so weit getrocknet, dass sie luftdicht verpackt werden können. Ebenfalls in diesem Zustand lösen sich die getrockneten Lavendelblüten sehr leicht von den Stängeln, falls Sie nur die Blüten alleine destillieren möchten, so wie dies auch professionelle Lavendelölhersteller tun.

Kräuter

Bei allen Kräutern sollten Sie wie beim Lavendel die Blüte der Pflanzen abwarten (außer in Kapitel 4 ist etwas anderes vermerkt), ernten und anschließend destillieren. Die Pflanzen können aber auch in Büscheln umgekehrt zum Trocknen aufgehängt und später destilliert werden. Wenn Sie die Kräuter stattdessen in offene Kistchen legen, müssen Sie diese während der ersten Woche täglich wenden und darauf achten, dass sie gut durchlüftet sind. Andernfalls würden sie zu schimmeln beginnen. Leider hatten wir dieses Problem auch mit den aufgehängten Büscheln, sie haben angefangen zu schimmeln. Bei unserem nächsten Versuch breiteten wir die ungeschnittenen Kräuter auf Packpapier aus, das Ganze lag am Boden eines Raumes mit ca.

20 °C Zimmertemperatur. Es wurde darauf geachtet, dass die Kräuter nicht direktem Sonnenlicht ausgesetzt waren. Während der ersten Woche wurden die Kräuter einmal täglich gewendet, danach zweimal wöchentlich während der nächsten zwei Wochen, danach nur noch einmal wöchentlich. Nach ca. ein bis zwei Monaten waren die Kräuter komplett getrocknet ohne jegliche Probleme bezüglich Schimmel, und wir konnten sie in Papiersäcken aufbewahren. Wegen der erstaunlich großen Ölausbeute beim Destillieren trocknen wir unsere Kräuter nur noch auf diese Art und Weise. Eine Seminarteilnehmerin berichtete uns folgende Methode: Auf einer Wäschespinne breitet sie einen dünnen, weißen Vorhangstoff (Gardinenstoff mit Maschenweite ca. 1 mm) aus und darauf die Kräuter. Das Ganze steht ebenfalls in einem zugigen, gut durchlüfteten Raum bei ca. 20 °C, wiederholtes Wenden der Kräuter ist ihr zufolge nicht notwendig. Die Trocknung ist beendet, wenn die Blätter bei Berührung knisternd zerfallen, die Pflanzen haben dann ca. ⅔ ihres ursprünglichen Gewichts verloren. Anschließend sollten Sie die Pflanzen am besten wie Tee aufbewahren, z.B. in Papiertüten oder Glasbehältern. Kunststoffsäcke, wie Tiefkühlbeutel o.Ä. sind für die getrocknete Lagerung nicht geeignet, da sich die ätherischen Öle mit der Zeit darin lösen. Es ist auch möglich, die frischen Kräuter einzufrieren – sie halten sich dann ca. acht Monate.

Regeln zum Trocknen der Kräuter:

- ▷ Die Kräuter vor dem Trocknen nicht zerkleinern, dies würde den Ölgehalt vermindern.
- ▷ Der Trocknungsort sollte dunkel, luftig und trocken sein.
- ▷ Die Temperatur darf 30 °C nicht übersteigen.
- ▷ Nach ca. vier bis acht Wochen ist die Trocknung abgeschlossen (wenn die Blätter bei Berührung knisternd abfallen), nicht länger liegen lassen.
- ▷ Luftdicht und dunkel aufbewahren (z.B. in Papiersäcken, Kartonschachteln oder Gläsern, nicht in Kunststoffsäcken).

Zitrusfrüchte

Bei Zitrusfrüchten ist es wichtig, dass die Früchte voll ausgereift sind und nicht noch teilweise grün geerntet werden. Kauft man Zitrusfrüchte, hat man häufig das Problem, dass die Früchte im unreifen Zustand abgepflückt wurden, was die Ölausbeute erheblich mindert. Sie können die Früchte in diesem Fall zu Hause nachreifen lassen, jedoch nicht zu lange. Wenn die Schale dünn und ledrig geworden ist, verringert sich die Ölausbeute auf ein Viertel der normalen Menge.

Samen

Samen von Gewürzen wie Fenchel oder Anis können im vollreifen Zustand frisch oder auch getrocknet (wie beim Gewürzhändler erhältlich) destilliert werden.

Äste

Äste von Nadelhölzern wie Fichte, Tanne oder Latsche ernten Sie am besten von Mai bis August. Bei einer späteren Ernte sind die ätherischen Öle nur noch in sehr geringer Konzentration vorhanden. Beim Trocknen von Nadelhölzern geht das Öl leider verloren.

☺ **Tipp:**
Äste lassen sich eingefroren hervorragend aufbewahren.

Regeln, die für alle Pflanzenarten gelten:

- Sie sollten jede Pflanze nach zumindest drei Tagen Sonnenschein ernten. Dann wurde die maximale Ölkonzentration erreicht. Vermeiden Sie die Ernte nach einem Regen, die Ausbeute wäre gering.
- Jede Pflanze sollten Sie sofort nach der Ernte verarbeiten, entweder zerkleinern und gleich danach destillieren oder trocknen bzw. einfrieren. Andernfalls beginnen die Pflanzenteile zu fermentieren (gären), und dabei werden die ätherischen Öle komplett zerstört. Die Fermentation kann bereits nach 30 Minuten eintreten, das Innere des Schnitthaufens wird dabei warm. Kühlstellen verzögert den Fermentationsbeginn.

Zerkleinern der Pflanzen

Vor der Destillation sollten die Pflanzen optimal zerkleinert werden. Wir haben einmal 10 cm lange Latschenkiefertriebe unzerkleinert destilliert. Das Ergebnis war so gut wie überhaupt kein Öl. Wir ließen uns dadurch nicht entmutigen und schnitten beim nächsten Versuch die Äste auf circa 0,3-0,5 cm Länge – eine äußerst mühevolle Arbeit. Aber es hatte sich gelohnt: Das Öl tropfte nur so heraus. Zu bemerken ist noch, dass für beide Versuche dasselbe Material verwendet wurde, es wurde am gleichen Tag geerntet und destilliert.

Zitrusfrüchte

Zitrusfrüchte können auf zwei Arten verarbeitet werden. Einerseits können Sie die Früchte halbieren und den Saft auspressen. Den Saft können Sie trinken, für die Ölherstellung wird er nicht benötigt. Die Schale mit der Schere zer-

◄ Mit der Zitruspresse ausgedrückte und zerkleinerte Orangen

◄ Mit dem Kartoffelschäler enthäutete Orange

kleinern und anschließend mit einem Küchenzerkleinerer oder Kutter (siehe Seite 61) häckseln. Eine zweite, mühevollere Variante ist, die Früchte mit dem Kartoffelschäler zu enthäuten, denn nur die äußere, nicht weiße, dünne Schale enthält die Öle. Die innere, dicke, weiße Haut führt eher zu einem bitteren Unterton im Duft. Zerkleinern Sie auch hier die dünne Schale wie oben beschrieben. In diesem Fall ist die Ölausbeute je kg Destilliergut natürlich viel höher, da der Kessel nur mit den Ölträgern – der dünnen Haut – gefüllt ist.

Gewürzsamen

Gewürzsamen wie zum Beispiel Anis oder Kümmel brauchen Sie vor dem Destillieren nicht zu zerkleinern. Allerdings schadet es auch nicht, sie mit einem Mörser ein wenig anzudrücken.

Getrocknete Kräuter

Arbeiten Sie mit getrockneten Kräutern, dann genügt es, wenn die Blätter nicht zu hart sind, wie zum Beispiel bei der Pfefferminze, diese nur mit der Hand zu zerbröseln. Getrockneter Lorbeer hingegen ist sehr fest. Diesen sollten Sie zuerst mit den Händen etwas zerkleinern und anschließend mit einem Küchenzerkleinerer oder Tischkutter auf ca. 2-3 mm Größe häckseln.

Frische Kräuter

Frische Kräuter werden meist mit den Stielen verarbeitet. Zuerst die Pflanzen auf ca. 3 cm Länge zusammenschneiden und anschließend mit dem Küchenzerkleinerer häckseln. Ohne vorheriges Zerkleinern mit der Schere ist der Küchenzerkleinerer nicht das optimale Gerät. Nach dreimaligem Gebrauch ohne diese Vorbereitung fing unser Gerät zu rauchen an und war anschließend nicht mehr einsetzbar.

Wesentlich besser geeignet sind so genannte Tisch- oder Küchen-Kutter (Cutter), zum Zerkleinern und Homogenisieren von Gemüse, Kräutern, Fleisch usw. Im Fachhandel werden sie in verschiedene Größen von ca. 3 bis ca. 9 Liter Füllvolumen angeboten. Solche Geräte sind zwar teurer in der Anschaffung, dafür so robust gebaut, dass damit auch getrocknete Kräuter, Nadeln der Nadelhölzer, Samen und Zitrusschalen ohne Probleme zerkleinert werden können.

▲ Ein Küchenzerkleinerer (linkes Bild) oder Tischkutter (rechtes Bild) ist für die Vorbereitung der Pflanzen unerlässlich.

Wacholderbeeren

Bei Wacholderbeeren variiert das Ergebnis, je nachdem ob frische oder getrocknete Beeren verwendet werden. Die Ausbeute ist bei zerkleinerten Beeren wie bei anderen Drogen auch größer als bei unzerkleinerten. Getrocknete Beeren verleihen dem Öl im Vergleich zu den frischen einen holzigeren, herberen Charakter. Geschrotete Wacholderbeeren sind im Handel erhältlich, Sie können aber auch ganze Beeren in einem Mörser zerstoßen.

◄ Ganze Wacholderbeeren und geschroteter Wacholder

► Zimt lässt sich mit einem Geschirrtuch und einem Hammer hervorragend zerkleinern.

Rinden

Harte Rinden wie zum Beispiel Zimt müssen gut zerkleinert werden, ansonsten kann der Wasserdampf nur in die äußeren Schichten der Droge eindringen und die Ausbeute ist gering. Geben Sie die Zimtstangen in ein Geschirrtuch und klopfen Sie solange mit dem Hammer darauf, bis der Zimt ausreichend zerkleinert ist (max. 0,5 x 0,5 mm).

Blütenblätter

Bei sehr feinen Blütenblättern wie zum Beispiel Rosen genügt es, wenn Sie die Blätter mit der Schere etwas zerschneiden.

Nadelhölzer

Bei Nadelhölzern ist es wichtig, die Wachsschicht der Nadeln zu zerstören, die Nadeln also zu zerschneiden und / oder zu zerquetschen, ansonsten wird beim Destillieren kaum Öl entweichen.

Wenn Sie kleine Äste der Nadelhölzer sowie deren Zapfen nicht ausreichend zerkleinern, ist die Ölausbeute ent-

▲ Gartenhäcksler zum Zerkleinern der Äste

☺ **Tipp:**
Wenn Sie sich einen neuen Häcksler zulegen möchten, achten Sie darauf, dass die Messer des Gerätes sowohl horizontal als auch vertikal schneiden. Denn dadurch werden die Äste nicht nur zerkleinert, sondern auch längsseitig aufgeschlitzt, sodass der Dampf beim Destillieren auch in das Innere der Äste vordringt.

sprechend geringer. Bei kleineren Mengen können Sie mit einer Kräuterschere arbeiten, für größere Mengen eignet sich ein Gartenhäcksler.

▲ Häcksler, Stufe eins (oben) und zwei (unten)

Wenn Sie einen Starkstromhäcksler besitzen, können Sie die gehäckselten Pflanzenteile ein zweites Mal, diesmal mit umgekehrten Stromphasen, durchlassen. Feiner wird es mit einem Küchenzerkleinerer auch nicht.

> **⚠ Wichtig:**
> Egal welche Zerkleinerungsmethode Sie anwenden, achten Sie immer darauf, dass das Pflanzenmaterial beim Zerkleinern nicht warm wird. Wird z.B. mit einem Tischkutter zu lange gehäckselt, erwärmt sich der Inhalt, dadurch verflüchtigt sich nahezu das gesamte ätherische Öl.

Wurzeln

Wie Hölzer und Rinden können Wurzeln am besten mit einem Häcksler zerkleinert werden. Harte Wurzeln werden oft einige Jahre lang fermentiert, dadurch wird das Material weicher, und beim Destillieren kann es der Dampf besser durchdringen. Außerdem verändern sich auch Aussehen und Inhaltsstoffe, wie bei grünem/schwarzem Tee, grünem/schwarzem Pfeffer, Tabak, schwarzen Himbeerblättern (für Tee) usw. Beispielsweise werden Iriswurzel und Alantwurzel (siehe S. 112 und 95) vor der Destillation generell immer fermentiert. Industriell werden dazu die zerkleinerten Wurzeln bei einer bestimmten Luftfeuchtigkeit und Raumtemperatur mit speziellen Pilzen behandelt, genauso wie bei Tee, Pfeffer und Tabak. Zu Hause, im kleinen Maßstab, gelingt dieser Prozess einigermaßen auch wie folgt: Das Material gut zerkleinern, dann mit einer Sprühflasche mit Wasser anfeuchten und in einen Plastiksack geben. Am nächsten Tag wieder herausnehmen und vollständig trocknen lassen, danach wieder anfeuchten und in denselben (!) Plastiksack geben, nach einem Tag wieder trocknen lassen usw. Diese Prozedur so lange wiederholen, bis das Material dunkel geworden ist und sich das Aussehen nicht mehr verändert. Achtung, das Material darf dabei keinesfalls verschimmeln! Dies zu vermeiden, ist die eigentliche Kunst dabei. Eventuell funktioniert auch ein Zwei- oder Dreitagesrhythmus, dies ist abhängig von der Raumtemperatur und Luftfeuchtigkeit. Eine warme Umgebungstemperatur beschleunigt den Prozess, es hilft auch, wenn der gefüllte Sack ab und zu in die Sonne gelegt wird. Alternativ ist folgende Methode zwar nicht so aufwändig, dauert jedoch sehr viel länger: Das Material wiederum zerkleinern, dann im Freien, aber überdacht und schattig, offen mehrere Jahre lang liegen lassen. Durch die klimatischen Veränderungen im Lauf der Jahreszeiten von feucht bis trocken bzw. warm und kalt, findet ebenfalls eine langsame Fermentation statt.

Pflanze	**Zerkleinerungsmethode**
Zitrusfrüchte	Schere bzw. Kartoffelschäler
Gewürzsamen (Anis, Kümmel)	Unzerkleinert bzw. mit Mörser leicht zerstoßen
Dünne, getrocknete Kräuterblätter (Pfefferminze)	Mit der Hand zerbröseln
Festere, getrocknete Kräuter (mit dünnen Ästchen, Lorbeer)	Zuerst manuell zerkleinern, danach in den Küchenzerkleinerer
Frische Kräuter	Zuerst mit der Schere zerkleinern, danach in den Küchenzerkleinerer
Wacholderbeeren	Mit Mörser zerstoßen
Harte Rinden (Zimt)	Mit dem Hammer zerstoßen
Blütenblätter (Rosen)	Mit der Schere zerkleinern
Nadelhölzer (Fichte, Latsche)	Häcksler

Der Destillationsvorgang

Die nachfolgende Beschreibung erscheint vielleicht „trivial", jedoch hat die Erfahrung gezeigt, dass beim Destillieren oft kein Öl entstanden ist, wenn die Anleitung nicht genau befolgt wurde. Die häufigsten Fehler waren: falsches Pflanzenmaterial/Wasser-Verhältnis, zu geringe Pflanzenmengen, zu große Auffanggefäße, falsche Geometrie der Auffanggefäße, falsche Anlagenkonstruktion, zu geringe Heizleistung, zu geringer Zerkleinerungsgrad, falsche Behandlung und Ernte der Pflanze (siehe Kapitel 4) usw. Auch wenn nur scheinbare „Kleinigkeiten" nicht beachtet werden, kann dies gravierende Folgen auf die Ausbeute haben. Nicht dass diese dann lediglich geringer als der Literaturwert ist, leider bildet sich dann meistens überhaupt kein Öl. Hinsichtlich Qualität und Ausbeute des ätherischen Öles und der Hydrolatintensität hat sich gezeigt, dass bei Kleinanlagen die LEONARDO® am besten geeignet ist, um ätherische Öle und Hydrolate herzustellen.

Bevor Sie zu arbeiten beginnen, sollte die Destille, vor allem die inneren Bereiche, immer gut gereinigt sein. Wurde vorher eine andere Ölsorte destilliert, kann die Anlage wie bereits beschrieben mit etwas Weingeist (96-prozentiger, unvergällter Alkohol) oder Aceton von den vorherigen Ölspuren befreit werden. Anschließend spülen Sie gut mit warmem Wasser nach (obwohl Alkohol und Aceton ätherische Öle auflösen können, sind sie mit Wasser sehr gut mischbar). Gewöhnlich reicht es jedoch aus, wenn Sie die Anlage mit Wasser und Spülmittel gründlich waschen. Bleiben Öltropfen von der vorherigen Droge in der Anlage, wird das neue Produkt dadurch verunreinigt, ein paar Tropfen reichen dafür schon aus.

Befüllen

Zuerst wird in die Anlage Leitungswasser eingefüllt. Bei Kesselgrößen bis 8 l genügen 1,5 l. Ist Ihre Anlage größer, verwenden Sie 2-4 l Wasser. Als Faustregel gilt: 1 l Wasser je kg Pflanzenmaterial. Sie sollten keinesfalls zu viel Wasser in den Kessel geben, denn dies würde zu einer geringeren Ölausbeute und zu magererem Hydrolat führen. Ach-

Faustregel:
1 l Wasser je kg Pflanzenmaterial

▲ Aromakorb mit einem Blatt Küchenrolle für nahezu pulverförmige Drogen

ten Sie vor allem bei geringen Materialmengen (< 1 kg) auf dieses Verhältnis. Noch weniger Wasser je kg erhöht die Ausbeute nicht mehr, es besteht dann jedoch die Gefahr, dass die Anlage während der Destillation trockenläuft, da einige Drogen wie z.B. getrockneter Rosmarin (S. 130), gewisse Kümmelsorten (S. 115) oder Anissamen (S. 96) den Dampf z.T. aufsaugen.

Setzen Sie anschließend den Aromakorb ein und achten Sie darauf, dass das Flüssigkeitsniveau unter dem Korb ist.

Arbeiten Sie mit sehr stark zerkleinerten, fast pulverförmigen Drogen wie z.B. Zimt oder Kamillenblüten, kann der Inhalt im Kessel anbrennen, da der feine Staub teilweise durch den Aromakorb rieselt. Für diese Fälle empfiehlt es sich, über den Korb ein Blatt Küchenrolle oder ein Baumwoll- bzw. Leinentuch zu legen. Auf diese Weise können keine Pflanzenteile auf den Kesselboden gelangen, und es brennt nichts mehr an.

Ist der Aromakorb eingesetzt, können Sie den Mittelteil aufstecken und die Droge einfüllen. Wiegen Sie sie vorher unbedingt ab, damit Sie nach dem Destillieren die Ölausbeute berechnen können (siehe S. 80). Machen Sie die Destille so voll wie möglich. Sie können Kräuter, Zitrusfrüchte, Blüten oder Äste auch leicht zusammendrücken, damit mehr in die Anlage hineinpasst. Die Betonung liegt auf „leicht“! Denn ein zu festes Drücken würde die Anlage verstopfen. Bei Samen sollten Sie nicht nachdrücken, sie liegen von selbst dicht genug.

Manchmal kann es vorkommen, dass das eingefüllte Pflanzenmaterial im Dampf stark aufquillt. Uns ist dies bisher nur bei einer bestimmten Kümmelsorte, Anissamen, getrocknetem Rosmarin und bei gut zerkleinerten Zitronenschalen passiert. In solchen Fällen sollten Sie die Anlage nur ca. ¾ befüllen, um zu vermeiden, dass sie verstopft bzw. die Anlagenteile auseinandergetrieben werden.

Anschließend wird der Kühler angeschlossen bzw. aufgesetzt. Wenn Sie das Kühlwasser per Hand zugeben, sollten Sie den Kühlbehälter bis zum Überlauf füllen und kaltes Wasser nachschütten, sobald das Wasser heiß geworden ist. Auch ein Gemisch aus zerstoßenem Eis bzw. Schnee und Wasser kann als Kühlmittel verwendet werden. Egal,

Das Befüllen der Destille

◀ Befüllen Sie die Anlage mit Leitungswasser,

▶ setzen Sie den Aromakorb und den Mittelteil ein

◀ und geben Sie die Kräuter hinzu.

▶ Nun stecken Sie die Kühlung auf,

◀ füllen sie mit Kühlwasser

▶ und platzieren die Hydrolatflasche unter die Anlage.

welchen Kühlertyp Sie verwenden, bei einer kontinuierlichen Kühlwasserzufuhr, z.B. mittels Wasserleitung, sollte das kalte Wasser immer unten eingeleitet werden, sodass das warme Wasser oben abläuft.

☺ **Tipp:**
Mit Wasser gefüllte und anschließend eingefrorene Joghurtbecher eignen sich hervorragend für die Kühlung. Dazu das Eis aus dem Becher nehmen, zerstoßen und mit Wasser vermischen. Im Winter bietet sich selbstverständlich auch eine Schnee-Wasser-Mischung an.

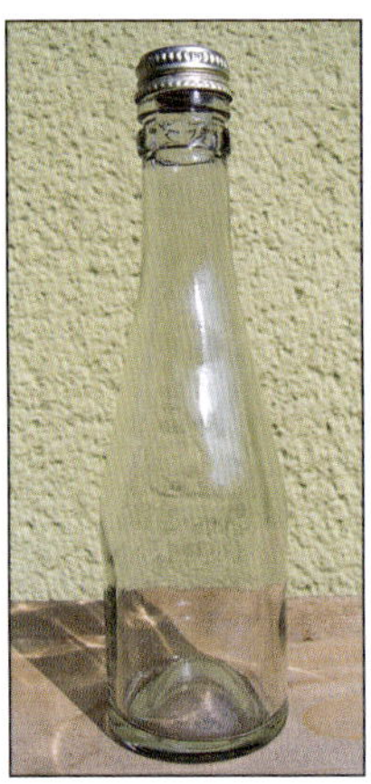

▲ Als Hydrolatflasche eignen sich wegen ihrer Größe und speziellen Form am besten herkömmliche 0,2-Liter-Piccolosekt-Fläschchen.

Jetzt benötigen Sie nur noch ein passendes Auffanggefäß, die sogenannte Vorlage, für das Destillat. Am besten eignen sich Fläschchen mit einem Volumen von ca. 200 ml bei einer Wassermenge im Kessel von ca. 1 bis 3 Liter. Tests haben gezeigt, je größer die Vorlage im Verhältnis zur Wassermenge im Kessel ist, desto geringer ist die Ölausbeute, da sich bei großen Flaschen wegen der großen Hydrolatmenge das Öl schlechter abtrennt. Wenn die Vorlage hingegen zu klein ist, scheidet sich ebenfalls kaum Öl ab. Sie sollten darauf achten, dass die Flasche einen schmalen, langen Hals hat, denn genau im Flaschenhals wird sich das Öl sammeln. Je enger der Hals ist, desto leichter wird es Ihnen gelingen, das fertige Öl abzuziehen. Bei einem Gefäß mit einer breiten Öffnung hingegen, z.B. einem Marmeladenglas, würde sich das Öl über die gesamte Oberfläche verteilen, und insbesondere bei geringen Ausbeuten wäre es somit sehr schwer, dieses vom Hydrolat zu trennen. Außerdem soll bei der Flasche der Übergang vom breiten Durchmesser zum dünnen Flaschenhals gleitend geformt sein, sonst bleibt das Öl beim Aufsteigen in der Kante unterhalb des Flaschenhalses hängen. Kurzum, herkömmliche 0,2-Liter-Frizzante- oder Piccolosekt-Fläschchen haben die optimale Form und Größe. Diese Fläschchen sind überdies auch sehr gut geeignet für Öle, die schwerer sind als Wasser (z.B. Zimtöl oder Nelkenöl), da der Boden nicht flach, sondern nach innen gewölbt ist. Das schwerere Öl sammelt sich somit am Bodenrand und verteilt sich nicht gleichmäßig über den gesamten Bodenquerschnitt der Flasche.

Destillieren

Wenn die Anlage gefüllt und zusammengebaut ist, können Sie mit dem Destillationsvorgang beginnen. Drehen Sie dazu Ihre Heizquelle bis zum Maximum auf. Es wird einige Zeit dauern, bis das Wasser im Kessel zu kochen beginnt – mit einer elektrischen Heizplatte dauert es bei 1,5 l Wasser ca. zehn bis 15 Minuten. Bis der erste Destillatstropfen herausrinnt, wird es in etwa noch einmal so lange dauern, denn der Wasserdampf muss zuerst das gesamte Pflanzengut durchdringen. Sobald das Hydrolat-Öl-Gemisch aus dem Kühler zu rinnen beginnt, kontrollieren Sie regelmäßig die Kühlwassertemperatur.

Sie können mit maximaler Einstellung Ihrer Heizquelle destillieren. Für 1,5 l Wasser genügt eine 1.500-Watt-Herdplatte. Die Heizleistung ist optimal, wenn das Destillat mit kurzen Unterbrechungen in einem dünnen Strahl herausrinnt. Sollte es nur tropfen, ist die Leistung zu gering.

Die Heizleistung kann zwar prinzipiell nicht stark genug sein, jedoch sollten Sie vermeiden, dass der Inhalt überkocht. Dies ist einfach zu erkennen: wenn statt dem beschriebenen dünnen Rinnsal bzw. schnellem Tropfen plötzlich mit hohem Druck ein Schwall sehr trübes, stark gefärbtes Wasser (je nach Kesselinhalt schwarz-braun bis dunkelgrün wie Tee, bei Zitrone milchig gelb) aus dem Kühler herauskommt, zum Teil sogar mit Pflanzenmaterial. In diesem Fall die Anlage sofort von der Heizung

◄ Ergebnis der Oregano-Destillation aus getrocknetem und gerebeltem Kraut

Hinweis:
Die Destillationsbedingungen (Dauer, Druck und Temperatur des Wasserdampfs, Konstruktion der Destille) haben einen großen Einfluss auf die Zusammensetzung und Qualität der ätherischen Öle und Hydrolate.

nehmen, entleeren und gründlich, insbesondere den Kühler, reinigen. Das Überkochen kann ebenfalls bei starker Schaumbildung auftreten, uns ist dies bisher bei sehr gut zerkleinerten und fest zusammengedrückten Zitronen- bzw. Orangenschalen, Zwiebeln und frischem Ingwer passiert. In solchen Fällen beim nächsten Durchgang die Anlage nur ca. ¾ befüllen, weniger stark kochen (die Heizleistung reduzieren) und ein paar Tropfen Antischaum oder Schaumweg zugeben: Anlage wie sonst auch mit dem Pflanzenmaterial befüllen und anschließend einen kleinen Spritzer Antischaum über die zerkleinerten Pflanzen direkt im Kessel verteilen. Es handelt sich hierbei um ein inertes, daher völlig geruchs- und geschmacksneutrales Silikonöl (Emulsion aus Wasser und Polydimethylsiloxan = PDMS), welches im Fachhandel für Kellerei- und Schnapsbrennbedarf erhältlich ist. Es wird beim Schnapsbrennen verwendet, um im Brennkessel das Schäumen der Maische zu verhindern. Das Mittel reagiert nicht mit dem Kesselinhalt, verändert ihn auch nicht, außerdem verdampft es nicht, kann also nicht ins Destillat gelangen. Da unbedenklich, wird PDMS auch medizinisch als entblähendes, antiflatulentes Mittel eingesetzt.

Wechseln Sie das Destillat-Fläschchen nicht bevor es voll ist. Bei 1,5 l Wasser können Sie bis zu fünf Fläschchen mit jeweils 200 ml füllen, nicht mehr, sonst könnte die Anlage trockenlaufen. Es sollte immer ein Kochgeräusch hörbar sein. Sobald es stattdessen zischt, ist kein Wasser mehr im Kessel. Auch in diesem Fall die Anlage **sofort** von der Heizung nehmen.

Bei den meisten Pflanzen werden Sie beobachten, dass sich der größte Anteil des Öles in der ersten Flasche ansammelt; nur bei sehr harten und zähen Produkten, wie bei Rinden oder Wurzeln, kommt der Hauptanteil in der zweiten Flasche. Danach nimmt die Menge je Fläschchen sehr rasch ab, sodass es keinen Sinn macht, mehr als drei oder vier Fläschchen zu füllen.

Warum soll die gesamte Destillatmenge nicht in einer großen Flasche auffangen werden? Hierfür gibt es zwei Gründe: Erstens kommt das Öl überwiegend zu Beginn, danach wird fast nur noch reines Wasser destilliert, somit würde sich ein Teil des Öles im zusätzlichen Wasser auflösen. Zweitens ergeben sich je nach Destillationsdauer unterschiedliche Öl-Qualitäten. Je früher das Öl herauskommt, umso kürzer war es der hohen Temperatur ausgesetzt und desto besser ist seine Qualität. In einer großen Flasche würden sich also Öle mit unterschiedlicher Qualität vermischen. Ein gutes Beispiel hierfür sind die verschiedenen Ylang-Ylang-Qualitäten (siehe S. 136), die man bei Großanlagen durch Wechseln der Vorlage, das Fraktionieren (siehe S. 24), während der Destillation erhält.

☺ **Tipp:**
Manche Hölzer, Rinden, Wurzeln oder harte Samen geben ihre ätherischen Öle nur sehr schwer ab. In diesem Fall macht es Sinn stark gesalzenes Wasser (Kochsalz) für die Destillation zu verwenden und/oder das zerkleinerte Material einige Wochen vorher in diesem einzuweichen.

☺ **Tipp: Harze destillieren**
Das Harz als Klumpen über Nacht in die Tiefkühltruhe (–18 °C) geben und danach mit einem großen schweren Hammer fein zertrümmern. Das zertrümmerte Harz im Verhältnis 1:1 mit Buchenholzspänen zum Räuchern vermischen. Dieses Gemisch dann in die Anlage geben und destillieren. Beim Destillieren schmilzt zwar das Harz, verklebt bzw. verstopft aber nicht die Anlage, wie dies ohne Späne der Fall wäre. Eventuelle kleine Reste, die nach der Destillation an der Innenwand kleben, können mit Aceton entfernt werden. Übrigens: Harz zu destillieren, ist sehr ertragreich, die Ölausbeute beträgt immerhin 30 bis 40%!

Zweifache Destillation
Eine etwas andere Vorgehensweise finden Sie bei der Rosenöldestillation. Aufgrund des geringen Ölgehaltes wird hier zweimal destilliert.

Erste Destillation

Die frischen Rosenblätter wie oben beschrieben destillieren. Das Destillat enthält nun eine sehr kleine Ölschicht, das *Rosenrohöl* bzw. die *erste Rosenfraktion* genannt wird. Das Hydrolat ist das *Ölwasser*. Je nach Rosensorte und Reifung kann die Ölausbeute unterschiedlich sein. Ist genug Öl vorhanden, um dies vom Hydrolat zu trennen, ziehen Sie die Ölschicht ab (siehe Trennung Hydrolat – Öl, S. 73) und arbeiten mit dem Ölwasser weiter. Ist die Ölmenge für eine Trennung zu gering, schütteln Sie das Hydrolat kräftig vor der Weiterverarbeitung.

Zweite Destillation

Das Hydrolat aus der ersten Destillation in die sauber gereinigte Destille geben und destillieren. Auf dem neuen Destillat bildet sich wieder ein dünner Ölfilm. Dieses Hydrolat ist das berühmte *Rosenwasser,* das Öl die zweite Rosenfraktion. Den zweite Destillationsschritt nennt man auch *Cohobation*.

Anschließend können Sie die erste und zweite Rosenfraktion vereinigen – diese Mischung ergibt das klassische Rosenöl. Industriell hergestellte Rosenöle z.B. aus Isparta (Türkei) bestehen zu ca. 35% aus der ersten Fraktion und zu ca. 65% aus der zweiten.

Dieselbe Vorgehensweise wie für Rosenöl, also das Hydrolat nochmals zu destillieren, eignet sich auch für jede andere Pflanzenart. Dadurch können vor allem bei Drogen mit geringeren Ausbeuten noch recht gute Ergebnisse erreicht werden.

Hinweis:
Die Verwendung von Hydrolat statt Frischwasser erhöht die Ölausbeute.

Eine weitere Möglichkeit ist es, bei der zweiten Destillation zusätzlich frische Drogen in den Aromakorb zu geben. Grundsätzlich sollten Sie nicht weniger als 1 ½ l Hydrolat je Durchgang destillieren, sonst bildet sich keine Ölschicht, da die Ölmenge zu gering ist. Das gilt auch, wenn Sie noch frische Drogen hinzugeben.

Trennung Hydrolat-Öl

▲ Während der Lagerung die Fläschchen in Längsachse mehrmals ruckartig hin- und herdrehen.

Das Öl trennt sich bei Verlassen des Kühlers sofort vom Wasser, bei sehr geringen Ausbeuten ist das Destillat nur trüb, ohne aufschwimmende Ölschicht.

Das verschlossene Destillat sollten Sie vor der Ölabtrennung mindestens zwei bis vier Wochen an einem kühlen, dunklen Ort aufbewahren. In diesem Zeitraum können sich das Hydrolat und die Öl-Phase optimal entmischen. Sollte dies trotz längerer Lagerung nicht der Fall sein, können Sie auch versuchen die Trennung mittels Salzzugabe (mindestens ca. 50-100 g/Liter von z.B. Natriumchlorid, Natriumsulfat, Magnesiumsulfat oder Ammoniumchlorid) herbeizuführen. Das Salz bewirkt, dass sich die Grenzflächenspannung der wässrigen Phase erhöht, wodurch es sich vom Öl besser trennt. Wenn Sie während der Lagerung die Fläschchen in Längsachse mehrmals ruckartig schnell hin- und herdrehen, steigen auch die an der Wand haftenden Öltröpfchen nach oben bzw. sinken nach unten. Achten Sie jedoch darauf, die Flasche nicht (vertikal) zu schütteln. Kleine Ölmengen bleiben sonst an der Unterseite des Verschlusses haften und können dann nicht mehr genutzt werden, außer durch Auflösen mit Alkohol. Für die Ölabtrennung gibt es mehrere Varianten.

Spritze

Öl, leichter als Wasser

Die unserer Meinung nach beste und einfachste Methode ist das Abziehen mit Spritzen und Kanülen. Je nach Ölmenge eignen sich dafür 2- bis 10-ml-Spritzen, wie sie in Apotheken und Sanitätsgeschäften erhältlich sind. Auch kleinste Mengen können damit sehr gut abgesaugt werden.

Halten Sie in einer Hand die Flasche, in der anderen die Spritze mit aufgesteckter Kanüle. Am besten eignen sich Kanülen mit den Maßen Ø 0,90 x 70 mm. Zu dünne Kanülen würden bei dickflüssigeren Ölen verstopfen, sind die Kanülen zu kurz, reichen sie nicht weit genug in die Flasche. Führen Sie die Kanüle bis knapp über die Hydrolatoberfläche, also an den unteren Rand der Öl-

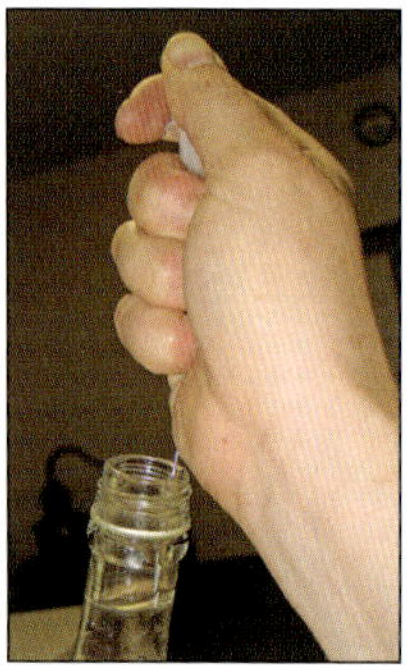

▲ Spritze bis knapp über die Hydrolatoberfläche führen und dann aufziehen.

schicht. Nun ziehen Sie die Spritze mit Daumen und Zeigefinger langsam auf. Sollte Hydrolat mitgesaugt werden, ist das kein Problem, einfach die Spritze mit dem Finger anklopfen, sodass sich in der Spritze Hydrolat und Öl entmischen, und das Hydrolat wieder zurück in die Flasche spritzen.

Sie können nun auf der Spritze genau die abgezogene Ölmenge ablesen. Dies ist wichtig, um die Ausbeute berechnen zu können. Notieren Sie die Menge, und füllen Sie das Öl in dunkle Ölfläschchen (siehe Aufbewahrung der Öle) ein. Wiederholen Sie den Vorgang mit den anderen Destillatflaschen, bis das ganze Öl abgezogen ist. Möchten Sie die unterschiedlichen Fraktionen trennen, dann geben Sie die Öle der Destillatflaschen in unterschiedliche Ölfläschchen.

Öle, schwerer als Wasser

Am besten eignet sich ein Gefäß, das unten eng zusammenläuft. Bei Frizzante- bzw. Piccolosektfläschchen z.B. hat man den Vorteil, dass der Boden unten nicht gerade ist, sondern zur Mitte hin ansteigt. Dadurch ist am Rand eine tiefer liegende Rille, in der sich das Öl sammeln kann. Mit einer herkömmlichen Kanüle lässt sich das Öl von dort leider nicht absaugen, dafür ist sie zu kurz. Stattdessen kann man auch eine Pasteurpipette und ein kurzes Stück Silikonschlauch verwenden. Der Silikonschlauch dient als Verbindungsstück zwischen Spritze und Pipette. Das Öl lässt sich wie gewohnt aufsaugen, und auch die Menge ist

► Einige Öle sind schwerer als Wasser, z.B. Zimtöl.

ablesbar: Genau dort, wo sich das untere Ende des Spritzenstempels befindet, entspricht der Skalenwert auf der Spritze der Ölmenge. Dass sich zwischen aufgesaugtem Öl und Stempel Luft befindet, ist kein Problem, der Stempel wurde ja trotzdem nur genau so viele Milliliter nach oben gedrückt, wie Milliliter Öl aufgesaugt wurden.

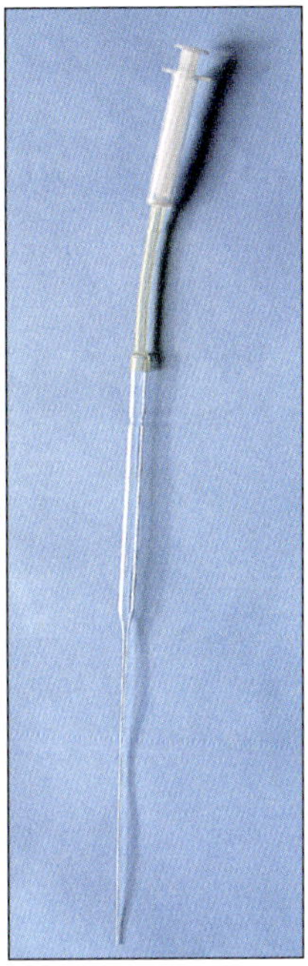

▲ Spritze mit Silikonschlauch und Pasteurpipette zum Aufsaugen von schweren Ölen

Pipette

Auch Pipetten eignen sich gut, um das ätherische Öl abzusaugen. Allerdings braucht man dazu Pasteurpipetten aus Glas, die ein langes Ende haben. Normale Pipetten, wie man sie von Medikamentenflaschen o.Ä. kennt, eignen sich nicht. Diese sind zu kurz und haben zumeist ein viel zu dickes Ende. Pipetten mit Volumeneinteilung sind ebenfalls nicht dünn genug.

Die Vorgehensweise ist ähnlich wie bei der Spritze. Führen Sie die dünne Glaskapillare bis an das untere Ende der Ölphase und saugen Sie das Öl auf. Der Unterschied zur Spritze liegt darin, dass die Ölmenge nicht abgelesen werden kann, und sollten Sie Hydrolat mitaufziehen, kann dieses nicht wieder ohne Öl hinausgedrückt werden, da in der dünnen Pipette das Hydrolat nicht nach unten sinkt, wenn sich unterhalb der Hydrolatschicht Öl befinden sollte.

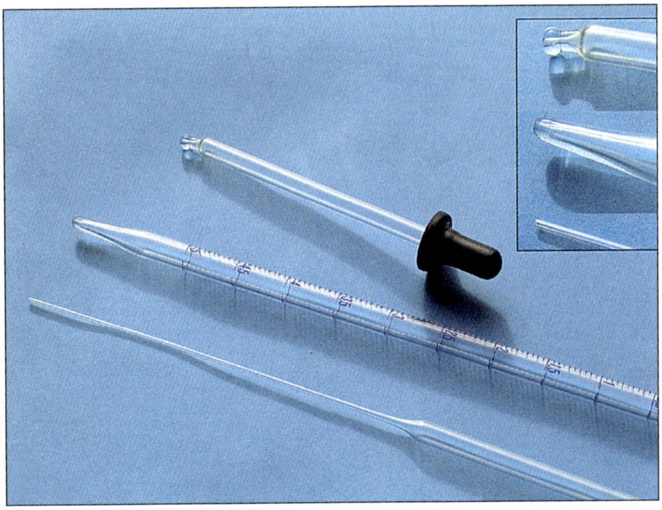

◄ Pasteurpipette, Pipette mit Volumeneinteilung und Medikamentenpipetten mit jeweiligen Spitzen

Scheidetrichter

Öle, leichter als Wasser

Das klassische Gerät, um im Chemielabor Öl von Wasser bzw. zwei nicht miteinander mischbare Phasen zu trennen, ist der so genannte Scheidetrichter. Dabei handelt es sich um einen Glasballon, der nach unten hin immer enger wird. Unten befindet sich ein Auslasshahn, oben ein Einfüllstutzen.

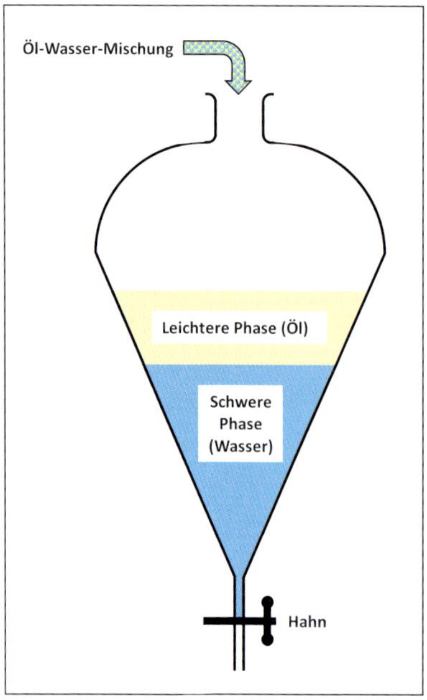

▲ Scheidetrichter zum Abtrennen von zwei nicht mischbaren Flüssigkeiten, z.B. Öl und Wasser

Das Hydrolat-Öl-Gemisch wird vorsichtig oben in den Trichter gefüllt. Anschließend lässt man den Trichter ca. 20 Minuten ruhig stehen, damit sich beide Phasen wieder vollständig entmischen können. Ätherische Öle schwimmen meistens oben auf, die wässrige Phase, das Hydrolat, ist unten. Nun öffnet man den Hahn am unteren Ende des Trichters, sodass das Hydrolat abrinnen kann. Sobald die Ölphase die Höhe des Abtrennhahnes erreicht hat, den Hahn fast zudrehen, bis nur noch die vollständige Ölphase im Trichter zurückbleibt, die anschließend in ein anderes Gefäß abgelassen werden kann.

Die Trennung von zwei nicht miteinander mischbaren Flüssigkeiten ist mit einem Scheidetrichter sehr einfach. Allerdings eignet sich diese Methode für ätherische Öle nur bedingt. Die Ölmenge ist im Verhältnis zur Hydrolatmenge meist sehr gering, wenn also die wässrige Phase abgelassen wird, rückt die Ölphase immer weiter nach unten und benetzt die ganze Glaswand. Dadurch kann es passieren, dass am Ende kein Öl zum Ablassen mehr vorhanden ist, und sich alles innen auf der Glaswand verteilt hat. Somit macht ein Scheidetrichter nur Sinn, wenn die Ölmenge im Verhältnis zur wässrigen Phase groß genug ist.

Beim Scheidetrichter ergibt sich dasselbe Problem wie bei einer Pipette: Die Ölmenge kann nicht hinreichend genau bestimmt werden. Er ist allerdings äußerst praktisch für das Ausschütteln des Hydrolates, um daraus beispielsweise Massageöl herzustellen (siehe Kapitel 5 / Einleitung).

Öle, schwerer als Wasser

Für ätherische Öle, die schwerer als Wasser sind, eignet sich diese Methode sehr wohl. Hier sammelt sich das Öl von Anfang an unten im dünnen Teil des Trichters und wird zuerst abgelassen.

Automatischer Ölabscheider

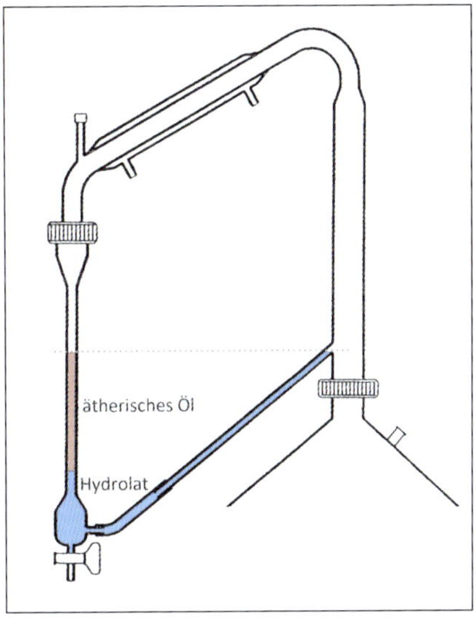

▲ Automatischer Ölabscheider: Das Öl-Hydrolat-Gemisch rinnt in das linke Röhrchen, wo sich das Öl vom Hydrolat trennt. Das Öl ist die leichtere Phase, schwimmt somit obenauf und erreicht nie den unteren Teil. Die untere Phase, das Hydrolat, fließt über das Verbindungsrohr zurück in die Destillationsanlage.

Häufig werden Öldestillen mit einem automatischen Ölabscheider angeboten. Das Destillat wird in einer Art Glasrohr aufgefangen, und im unteren Drittel dieses Rohres führt eine Leitung das Hydrolat automatisch in den Kessel zurück. Diese Konstruktion macht aus folgenden Gründen für die Herstellung ätherischer Öle wenig Sinn (und ist zur Gewinnung von Hydrolat vollkommen kontraproduktiv), insbesondere wenn man eine gute Qualität erreichen möchte:

- ▷ Durch die automatische Rückführung hat das Öl keine Zeit, sich in Ruhe abzusetzen, somit wird immer auch ein Teil des Öles in den Kessel rückgeführt.
- ▷ Bei der Destillation von Ölen, die schwerer sind als Wasser, wird das Öl und nicht die wässrige Phase in den Kessel zurückgeführt. Dies macht die ganze Apparatur sinnlos.
- ▷ Durch die Rückführung in den Kessel wird das Hydrolat und ein Teil des ätherischen Öles im Kessel immer wieder erhitzt. Ein Teil der Aromen zerkocht, und das Öl wird einen leicht angebrannten Geruch bekommen.
- ▷ Es ist nicht möglich zu fraktionieren. Die besonders hochqualitativen Fraktionen, die zuerst aus der Destille heraustropfen, werden immer mit den länger kochenden Teilen durchmischt. Natürlich kann der Abscheider auch öfters entleert werden, um verschiedene Fraktionen zu gewinnen, aber damit wird auch jedes Mal das Hydrolat entnommen und nicht mehr rückgeführt.

▷ Wie beschrieben, ist auch das Hydrolat ein wertvolles Produkt bei der Destillation, es ist also nicht sinnvoll, es zurückzuleiten statt aufzufangen und zu verwenden.

Warum wird bei diesen gravierenden Nachteilen eine solche Anlage überhaupt angeboten? Der Zweck besteht darin, dass für die Destillation durch die Rückführung nur sehr wenig Wasser benötigt wird. Das mit Öl gesättigte Wasser wird wieder in die Anlage rückgeführt, wodurch sich die Ausbeute erhöht. Diesen einzigen positiven Effekt können Sie aber ebenso erreichen, wenn Sie bei der nächsten Destillation statt Frischwasser das gewonnene Hydrolat verwenden. Die Ausbeute erhöht sich ebenfalls, geht allerdings nicht auf Kosten der Qualität. Denn vor allem die Qualiät sollte bei der eigenen Ölherstellung im Vordergrund stehen.

Übrigens ist die Hydrolatrückführung der Grund, warum das Ylang Ylang-/Cananga-Öl in verschiedenen Qualitätsstufen angeboten wird. Die beste Qualität wird zu Beginn der Destillation abgenommen, die niedrigste erst nach mehreren Tagen ununterbrochener Destillation mit automatischer Hydrolatrückführung.

Florentinervase

Bei der industriellen Herstellung wird für die Ölabtrennung meist eine Florentinervase verwendet. Je nach Ölmenge gibt es zwei unterschiedliche Varianten: bei der

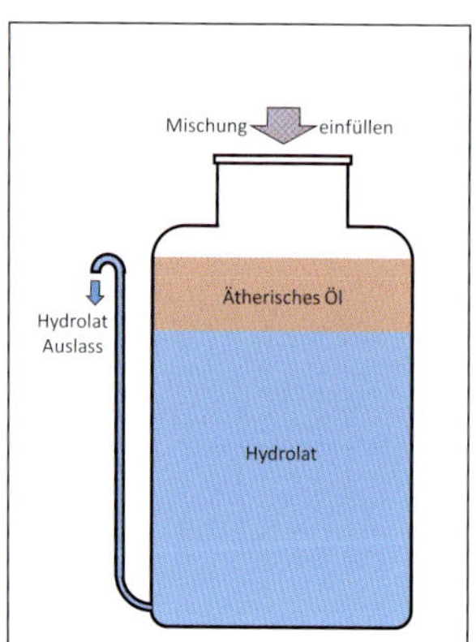

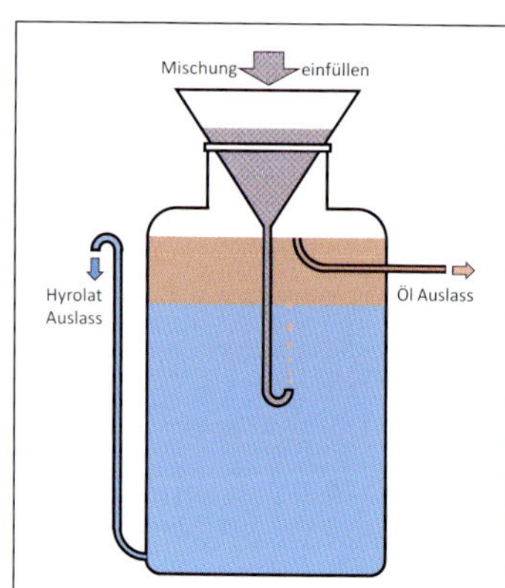

► Prinzip einer klassischen Florentinervase (linkes Bild) und Variante mit Ölauslass (rechtes Bild).

klassischen Bauart fließt nur das Hydrolat, bei der größeren Variante zusätzlich auch das ätherische Öl kontinuierlich ab. Wie in der untenstehenden Abbildung ersichtlich, sieht die klassische Florentinervase so ähnlich aus wie eine Gießkanne: das Öl-Hydrolat-Gemisch wird in das Gefäß geleitet, das leichte Öl sammelt sich oben, kommt also nicht bis nach unten zum Hydrolatauslass, und über den Schwanenhals rinnt nur das Hydrolat ab. Bei der größeren Variante rinnt auch das ätherische Öl mittels eines Überlaufs ab. Da in beiden Fällen das Gefäß groß ist, hat das Destillat eine lange Verweilzeit, und das Öl kann sich gut von der wässrigen Phase abtrennen.

▲ Florentinervase bei der Rosenöl-destillation

Sauberkeit

Vor allem bei der Abtrennung des Öles sollten Sie auf Sauberkeit der verwendeten Gerätschaften (Spritzen und Fläschchen) achten. Gewöhnen Sie sich daher an, die Spritze nach jedem Gebrauch mit sauberem, unvergällten Alkohol (mindestens 80%vol, ist in jeder Apotheke erhältlich) zu reinigen: Spritze mit Alkohol aufziehen und in ein anderes Gefäß entleeren. Sonst wird der Alkohol immer mehr verunreinigt.

Auch andere Geräte wie Pipetten, Glasfläschchen usw. sind immer sehr sauber zu halten. So vermeiden Sie, dass sich durch Unsauberkeit Öle miteinander vermischen.

Hinweis: *Spritzen, Pipetten usw. nach jedem Vorgang mit Alkohol reinigen*

Im Übrigen ist der „Abfall"alkohol mit dem gelösten Öl alles andere als Abfall, eignet sich beispielsweise zum Mischen von Parfüm oder (nach Verdünnung) hervorragend für die Duftlampe. Bei unseren Seminaren enthält der aus den Spritzen gesammelte Alkohol viele unterschiedliche ätherische Öle, dieses wohlriechende Gemisch geben wir anschließend immer in die Duftlampe. So erzeugen wir einen Duft im Raum, der sich von Seminar zu Seminar immer unterscheidet und individuell die Vielfalt der verwendeten Pflanzenmaterialien wiedergibt.

Ausbeuteberechnung

Wurde das gesamte Öl aus der Wasserdampfdestillation abgetrennt, kann die Ölausbeute berechnet werden. Durch die Berechnung der Ölausbeute können Sie feststellen, wie viel Öl je kg Pflanzenmaterial entstanden ist, und somit die jeweiligen Ausbeuten miteinander vergleichen. Dies ist beispielsweise interessant, wenn verschiedene Lavendelsorten destilliert wurden oder ein und dieselbe Sorte von verschiedenen Bezugsquellen stammt. Als Daumenregel gilt, je größer die Ausbeute bei getrockneten Kräutern, Samen oder Rinden, desto qualitativ besser war das verwendete Material. Altes oder falsch getrocknetes Material hat eine signifikant geringere Ausbeute.

$$\frac{\textbf{Ölmenge (ml)}}{\textbf{Pflanzenmenge (g)}} \times 100 = \textbf{Ausbeute in \%}$$

Beispiel

Pflanzenmenge: 656 g getrockneter Lorbeer, zerkleinert

Gesammelte Ölmenge:	Flasche 1:	5,0 ml
	Flasche 2:	2,0 ml
	Flasche 3:	1,0 ml
	Flasche 4:	0,2 ml
	gesamt:	8,2 ml

(8,2 : 656) x 100 = 1,25%

Der Vollständigkeit halber sei erwähnt, dass bei der Berechnung normalerweise die Dichte des Öles berücksichtigt werden muss, da eigentlich die Gewichtsprozente berechnet werden sollten, also Gramm Öl je 100 Gramm Pflanzengut. Jedoch haben die meisten ätherischen Öle eine Dichte zwischen ca. 0,8 und 1,1 g/ml, die Abweichung zum wahren Wert beträgt also zwischen +20 und –10 Prozent. Somit genügt für unsere Zwecke die einfache Berechnungsart vollauf.

Die Ölausbeute beträgt je nach Pflanzensorte 0,05-50 ml (in den meisten Fällen zwischen 5 und 20 ml) bei ca. 3,5 l zerkleinertem Pflanzenmaterial. Dies entspricht ca. 0,4-1 kg Material je nach Pflanzengut, weil Samen und

Ausbeute bei:

► Orangenschalen
(gesamte Schale alternativ zur Pressung destilliert):

Flasche I:	5,6 ml
Flasche II:	3,4 ml
Flasche III:	0,8 ml
Summe:	9,8 ml

Einwaage war: 1991 g
daher:
9,8 : 1991 · 100 = 0,49 %
sowie ca. 500 ml Orangenhydrolat (Orangenwasser)

Ausbeute bei:

► Rosenmelisse
(frisch, Blätter und Blüten):

Flasche I:	4,6 ml
Flasche II:	1,1 ml
Flasche III:	1,0 ml
Summe:	6,7 ml

Einwaage war: 604 g
daher:
6,7 : 604 · 100 = 1,1 %
sowie ca. 500 ml Rosenmelissehydrolat

Ausbeute bei:

► Zitronenschale
(gesamte Schale alternativ zur Pressung destilliert):

Flasche I:	6,4 ml
Flasche II:	0,8 ml
Flasche III:	0,4 ml
Summe:	7,6 ml

Einwaage war: 1692 g
daher:
7,6 : 1692 · 100 = 0,45 %
sowie ca. 500 ml Zitronenhydrolat

Zitrusschalen schwerer sind, Lavendelblüten hingegen leichter usw. Da das ätherische Öl unverdünnt vorliegt, können trotz dieser „geringen" Ausbeute ausreichende Mengen diverser Endprodukte hergestellt werden. So reicht 1 ml ätherisches Öl etwa für jeweils 5 ml Parfüm, 3,3 kg Seife, 1 l Massageöl oder 800 ml Gesichtsöl aus.

Materialliste
- *5 Zitronen (oder andere Zitrusfrüchte)*
- *kleines Reibeisen*
- *Teesieb aus Metall*
- *Teelöffel*
- *1 kleine Tasse*

Kosten: ca. 5 €

Kaltpressung

Das Verfahren der Kaltpressung wird häufig bei der Herstellung von Basisölen wie Maiskeimöl, Olivenöl, Mandelöl usw. angewandt. Für unsere Zwecke verwenden wir Zitrusfrüchte, also Orange, Zitrone, Mandarine, Bergamotte, Grapefruit usw.

Da im Haushalt selten eine spezielle Presse für diesen Vorgang verfügbar ist, gehen wir bei dieser Methode etwas anders vor:

Kaltpressung selbst gemacht

◄ Sie benötigen für die Kaltpressung folgende Materialien: Zitrone, kleines Reibeisen, Teesieb aus Metall, Teelöffel, kleine Tasse.

► Reiben Sie die unbehandelte Zitrone in das Sieb über der Tasse.

◄ Geben Sie die aufgeriebene Masse komplett in das Sieb

► und pressen Sie diese mit dem Teelöffel aus.

◄ Als Ergebnis erhalten Sie ein Gemisch aus Zitronenöl und so etwas ähnlichem wie Hydrolat.

Am besten eignen sich natürlich unbehandelte Zitronen, da Sie dann die Schalen ohne künstliche Wachsschicht vorfinden. Andernfalls die Schale gut mit Spülmittel und einer Bürste behandeln. Scheuern Sie die Schalen der Zitronen mit dem Reibeisen auf. Nehmen Sie die aufgeriebene Masse und geben Sie sie in das Teesieb. Drücken Sie über der Tasse mit dem Teelöffel die geriebenen Zitronenschalen aus, dadurch tropft ein Gemisch aus Zitronenöl und einer wässrigen Phase in die Tasse. Je nach Weiterverarbeitung können Sie dieses Gemisch entweder direkt verwenden oder einige Tage in einem dünnen Gefäß, z.B. einem Reagenzglas, stehen lassen, bis sich das Öl von der wässrigen Phase, so eine Art Hydrolat, und den Trübstoffen abgeschieden hat. Danach können Sie das Öl mit einer Spritze abtrennen (siehe S. 73) und z. B. als Parfümgrundlage mit 96%vol Alkohol vermischen (siehe S. 161). Ob es sinnvoller ist, Zitrusschalen zu pressen oder zu destillieren, wurde auf Seite 26 bereits beschrieben.

Mazeration

Diese Herstellungsart beruht auf dem Prinzip, dass fette Öle den Blüten und Kräutern ihren Duft entziehen. Alle Pflanzen, zu denen in Kapitel 4 der Vermerk Enfleurage bzw. Lösemittelextraktion angegeben ist, können auch mittels der Mazeration behandelt werden. Als fette Öle sollten Sie nur die feinsten und geruchlosen Öle verwenden. Neben den anderen in Kapitel 5 angegebenen Trägerölen eignen sich insbesondere Mandel- oder Pfirsichkernöl, Behenöl oder die feinsten Sorten des Olivenöls. Geben Sie die Blüten am besten in ein Teesieb oder eine möglichst große Teekugel und hängen das Ganze in das fette Öl. Nach einigen Tagen, wenn die Blüten geruchlos geworden sind, nehmen Sie diese heraus, pressen sie ab und geben wieder frische hinein. Die optimale Ziehdauer der Blüten ist je nach Pflanze unterschiedlich, in der Regel zwischen einem Tag und einer Woche. Sie sollten die Blüten nicht zu lange im Öl belassen, weil sonst ein krautartiger Geruch entsteht.

Das mit dem Blütengeruch angereicherte Öl können Sie entweder direkt in Ihre Produkte weiterverarbeiten oder wie unter „Enfleurage“ beschrieben, mit Weingeist (96%vol Alkohol) behandeln.

Enfleurage

Besonders für zarte Blumendüfte wie Jasmin, Rosen oder Veilchen eignet sich diese Herstellungsart ausgezeichnet. Als Extraktionsmittel wird Fett, also kein chemisches Lösemittel verwendet, dadurch kann das gewonnene Öl auch bedenkenlos in eigene Produkte weiterverarbeitet werden. Schweineschmalz oder Talg sind die klassischen Enfleurage-Fette, Sie können aber auch andere Fette verwenden wie z.B. Kokosfett, Palmfett, Sheabutter, Vaseline oder eine Mischung aus Vaseline (70 %) und Glycerin (30 %). Wenn Sie nach der Enfleurage das Fett für Cremes o.Ä. direkt verarbeiten möchten, ist es wegen der gesunden Inhaltsstoffe sinnvoll, die pflanzlichen Fette zu verwenden.

◄ Für die Enfleurage benötigen Sie folgende Materialien: reinen Alkohol, Kaffeefilter, Messbecher, Pinzette, Holzspatel, Fett, ein Glasgefäß und zwei Glasplatten.

► Bestreichen Sie eine Glasscheibe mit 1-2 cm Fett.

◄ Geben Sie die Blütenblätter auf das Fett und drücken Sie sie leicht an.

► Nach 1-2 Tagen werden die Blüten gewechselt, am besten mit einer Pinzette.

◄ Schaben Sie das mit dem Öl gesättigte Fett von der Glasplatte und füllen Sie es in das Glasgefäß.

◄ Gießen Sie dieses mit Alkohol auf.

▲ Rühren Sie das Gemisch kräftig um und verschließen Sie das Gefäß 2-3 Wochen luftdicht.

► Abschließend gießen Sie den Alkohol über einen Kaffeefilter ab und erhalten eine klare alkoholische Flüssigkeit.

☺ **Tipp:**
Wenn Sie Schweineschmalz als Enfleurage-Fett verwenden, sollten Sie dieses vorher wie folgt geruchsneutral machen: Zuerst bei sehr geringer Hitze auslassen und anschließend in einer Lösung von ca. 15 g/l Alaun (Kaliumaluminiumsulfat) und ca. 15 g/l Kochsalz in verdünnter Natronlauge (2,0 g/l) kochen.

Bestreichen Sie eine Glasplatte mit 1 bis 2 cm Fett. Die Blütenblätter auf das Fett geben, leicht andrücken und mit der zweiten Glasplatte abdecken. Legen Sie vor dem Abdecken einen Holzrahmen oder kleine Holzklötzchen auf die untere Platte, denn die Abdeckplatte soll das Fett bzw. die Blüten nicht berühren. Nach ein bis zwei Tagen entfernen Sie die Blüten, am besten mit einer Pinzette, und geben neue Blüten darauf. Diesen Vorgang wiederholen Sie ein bis zwei Monate lang, danach ist das Fett mit dem ätherischen Öl weitgehend gesättigt. Das Fett sollten Sie rasch weiterverarbeiten, weil es relativ leicht einen ranzigen Geruch annimmt. Stellen Sie aus demselben Grund während der Extraktion die Glasplatten mit dem Fett und den Blütenblättern an einen kühlen Platz, z.B. in einen kühlen Keller.

Geben Sie dann das Fett mit dem Holzspatel in das Glasgefäß und füllen Sie es mit dem Alkohol auf. Die Alkoholmenge sollte ca. das Doppelte des Volumens vom Fett betragen. Rühren Sie die Masse kräftig um und verschließen Sie das Gefäß luftdicht, damit der Alkohol und das Öl nicht verdunsten. Zwei bis drei Wochen lang sollten Sie das Gemisch jeden Tag einmal umrühren.

Abschließend gießen Sie den Alkohol über einem Kaffeefilter ab. Sie erhalten nun eine klare alkoholische Flüssigkeit, die z.B. direkt als Parfüm verarbeitet werden kann. Das nach wie vor stark duftende Fett können Sie z.B. in Seifen oder Cremes einmischen.

Materialliste

- *Eine Hand voll Blütenblätter (alle 1-2 Tage)*
- *2 Glasplatten*
- *ca. 100 g Schweinefett (gibt es in jedem Supermarkt zum Kochen) oder Vaseline*
- *ca. 200 ml 80 - 96%vol reinen Alkohol*
- *Glasgefäß (Erlenmeyerkolben, Einweckglas, Marmeladenglas…)*
- *Holzspatel*
- *Pinzette*
- *Kaffeefilter*

Kosten: ca. 5 €

Aufbewahrung der Öle und Hydrolate

Ätherisches Öl sollte immer in dunklen Glasflaschen gut verschlossen aufbewahrt werden. Diese erhalten Sie in unterschiedlichsten Größen, von 1 ml bis 500 ml Inhalt. Am besten lagern Sie sie in dunklen Räumen bei einer Temperatur unter 20 °C. Heben Sie das Öl immer in Reinform auf, d.h. Mischungen diverser Öle sollten Sie bei Bedarf herstellen.

Vergessen Sie nicht, jedes Fläschchen zu beschriften: Art des Öles, Menge (eventuell Ausbeute) und Herstellungsdatum. Sie werden bemerken, dass sich der optimale Duft erst nach einigen Wochen oder Monaten entwickelt. Andere Öle wiederum wie z.B. Lorbeeröl und Rosenöl sind in Reinform so intensiv, dass der Duft nicht bekömmlich bzw. kaum riechbar ist. Erst in Verdünnungen kommt dann das richtige Bukett zum Ausdruck.

Zu hohe und zu niedrige Temperaturen

Gepresste Zitrusöle und Teebaumöl sind am kürzesten haltbar, sie sollten deshalb kühl gelagert und innerhalb eines Jahres verbraucht werden. Einige ätherische Öle wie z.B. Anis, Fenchel, Rose oder Zedernholz können bei Temperaturen unter 8 °C naturbedingt fest werden. Bei Raumtemperatur (20 °C) verflüssigen sie sich wieder. Zitrusöle und Rosenöl trüben ab dieser Temperatur, da sie natürliche Wachse enthalten. Selbstverständlich können Sie diese abfiltrieren, bedenken Sie allerdings, dass Sie damit auch bestimmte Wirkstoffe aus dem Öl entfernen. Thymianöl kann bei niedriger Temperatur auskristallisieren. Wenn Sie das Öl in ein Wasserbad bei ca. 40 °C geben, verflüssigt es sich wieder.

Viele der ätherischen Öle sind „leicht entflammbar" und sollten daher stets an einem sicheren Ort verwahrt werden.

Für die Aufbewahrung von Hydrolaten gelten die gleichen Regeln wie für die Öle. Um sie haltbarer zu machen, können Sie Alkohol hinzugeben, sodass eine zumindest ca. 16%vol alkoholische Lösung entsteht. Um diese Konzentration zu erreichen, benötigen Sie für 1 l Hydrolat 200 ml 96%vol Alkohol.

◄ Dunkle Flaschen zur Aufbewahrung der Öle

Oft wird beschrieben, dass bei Hydrolaten der richtige pH-Wert eingestellt werden muss, um sie haltbar zu machen. Dies ist vollkommen richtig bei „dünnen“ Duftwässern mit einer geringen Konzentration der Inhaltsstoffe, weil entweder falsch destilliert oder verdünnt wurde. Solche Hydrolate werden mit der Zeit ranzig bzw. bekommen einen Essigstich, beides ist am Geruch deutlich erkennbar. Hat sich der Geruch hingegen nicht verändert, ist das Hydrolat noch in Ordnung. Wenn das Hydrolat von Anfang an trüb ist und / oder sich ätherisches Öl abgeschieden hat, sind die Inhaltsstoffe in der wässrigen Phase normalerweise konzentriert genug, um eine dauerhafte Haltbarkeit zu gewährleisten. Bezüglich Haltbarkeit wäre es am besten, wenn die Ölschicht, sofern sich eine gebildet hat, nicht abgezogen wird, da diese den restlichen Flascheninhalt vor Umwelteinflüssen schützt. Zum Lagern sollten Hydrolatflaschen nach dem Destillieren daher keinesfalls umgefüllt oder vertikal geschüttelt werden!

▲ LEONARDO® 85, Foto: Trevor Miller, USA 2017

Kapitel 4

Rohstoffe zum Destillieren

Das folgende Kapitel gibt Ihnen einen Überblick über die wichtigsten Rohstoffe für die Herstellung ätherischer Öle. Die Zusammenstellung umfasst sowohl heimische Pflanzen als auch Exoten. Denn was spricht dagegen, aus dem im Zimmer gezüchteten Eukalyptusbaum Öl zu destillieren, wenn er aufgrund seiner Größe mal wieder etwas gestutzt werden muss. Wir haben Ihnen die lateinischen Bezeichnungen der Pflanzen mit aufgeführt, damit Sie bei Ihnen unbekannten Pflanzen anhand eines Bestimmungsbuches die richtigen auswählen können und es nicht zu Verwechslungen kommt.

Alle Angaben und Beschreibungen gelten für die Wasserdampfdestillation. Besonderheiten sind in den jeweiligen Beschreibungen vermerkt, und andere Herstellungsmöglichkeiten werden zusätzlich erwähnt. Die Erntezeiten finden Sie auch im Erntekalender (S. 183) im Überblick.

Die angegebenen Ausbeuten gelten ebenfalls für die Wasserdampfdestillation. Beachten Sie aber, dass die tatsächliche Ausbeute sehr stark vom Reifegrad und der Sonneneinstrahlung abhängt. Die Werte sind daher als Richtwerte zu betrachten. Grundsätzlich ist es sinnvoll, mindestens mit einer Rohstoffmenge von 3 l zu arbeiten. Dies entspricht etwa 0,5 bis 1 kg, je nach Schüttdichte und verwendetem Pflanzenmaterial. Ein paar Ausbeutebeispiele gibt Ihnen die Tabelle auf Seite 94.

Die Wirkungen der jeweiligen Öle werden mit Absicht nur kurz erörtert, da wir diesem Thema nicht den ihm gebührenden Platz einräumen können und uns auf die Herstellung konzentrieren wollen.

► Ausbeutebeispiele der Anlage LEONARDO® Classic

Droge	Destilliermenge [g]	Ausbeute [ml]
Anissamen	1.000	12,3
Eukalyptus, frisch	800	5,5
Fenchelkraut, frisch	1.000	5,4
Fenchelsamen, getr.	844	31,1
Kümmelsamen	1.000	10,3
Lavendelblüten, getr.	420	22,0
Lorbeerblätter, getr.	600	8,7
Minze, grüne, getr.	500	5,8
Minze, japanische, frisch	800	8,2
Nelke, Gewürz-, getr.	600	10,4
Orangenschalen (gesamte Schale)	1.990	9,8
Oregano, getr.	400	5,7
Pfefferminze, frisch	760	8,4
Rosenmelisse, frisch	600	6,7
Rosmarin, getr.	700	8,5
Wacholderbeeren, getr.	1.000	9,8
Zimtstangen, zerkl.	790	9,1
Zitronenschalen (gesamte Schale)	1.690	7,6

▲ Destillation von 400 g getrockneter Lavendelblüten mit der Anlage LEONARDO® Classic

Pflanzenarten

Adlerholz (Aloeholz, Agarholz, Oud, Ud) *(Aquilaria spp., Gonystylus spp., Gyrinops spp., Thymelaeaceae spp.)*

Adlerholz wird im Orient seit Jahrtausenden zum Räuchern verwendet. Das daraus gewonnene ätherische Öl gilt als das teuerste der Welt, es dient seit dem Altertum zur Parfümherstellung. Selbst in der Bibel ist dieses Holz im Alten Testament erwähnt. Der Adlerholzbaum – ein großer, immergrüner Laubbaum – ist in Südostasien heimisch. Als Reaktion auf Verletzungen oder Pilzbefall (z.B. *Phaeoacremonium parasiticum* oder *Phomopsis spp.*) bil-

det der Baum ein Harz, dadurch wird das Holz von innen her dunkelbraun, dies ist das eigentliche Adlerholz bzw. Agarwood. Besonders wertvolle Sorten sind am dunkelsten und schwerer als Wasser, daher stammt auch die japanische Bezeichnung „sinkendes Holz" *(Jinko)*. Da nahezu alle Baumarten wegen Raubbaus inzwischen vom Aussterben bedroht sind, laufen derzeit in den Anbaugebieten (Indonesien, Malaysia, Vietnam, Kambodscha, Thailand u.a.) viele Projekte, um den Adlerholzbaumbestand für die Zukunft zu sichern und eine nachhaltige sowie qualitativ hochwertige Produktion zu ermöglichen.
Zur Ölherstellung wird das dunkle Agarwood (Oud) zu einem Pulver vermahlen, das Pulver ca. eine Woche lang in Wasser eingeweicht und danach wasserdampfdestilliert. Nach der Destillation wird das Pulver getrocknet und für Räucherstäbchen verwendet. Beim Destillieren zeigt sich ein sehr merkwürdiges Verhalten: Obwohl das Öl leichter ist als Wasser (Dichte ca. 0,94 bis 0,97 kg/l), bildet das Öl in der Florentinervase Tröpfchen, die großteils nach unten (!) wandern. Daher müssen zur vollständigen Abtrennung vom Hydrolat mehrere Vasen hintereinander geschaltet werden. Manche Produzenten bieten Adlerholz in Grobspan oder Pulver auch zum Verkauf über das Internet an, mit Preisen ab ca. 400 bis 500 € je 500 g.
Wirkung: fungizide Wirkung auf Haut und Haare, gegen Kopfschuppen, Insektenschutzmittel, verbessert Schlafqualität, stimuliert Konzentration, fördert Stressabbau, angstlösend, ausgleichend, entspannend, aphrodisierend
Ausbeute: 0,1-0,15 %

Alant
(Inula helenium L.)

Der Alant ist eine große (ca. 2 m) Pflanze mit gelben Blüten, die ein wenig an Arnika erinnert. Früher gehörte er in jeden Bauerngarten, heute ist er nur noch in denen im Gebirge verbreitet. Das ätherische Öl befindet sich im Wurzelstock der Alant-Pflanze, man bezeichnet dieses Öl auch als Helenin. Die Wurzel vor der Destillation fermentieren. Die Ernte sollte von März bis Mitte April und von September bis November erfolgen.
Wirkung: schleimlösend, hustenlindernd
Ausbeute: 1-2 %

Angelika, Engelwurz
(Angelica archangelica)

Die mannshohe Angelika ist eine alte Heilpflanze aus dem Norden. Früher stand sie in jedem Garten, inzwischen findet man sie jedoch häufiger verwildert. **Achtung:** Trotz der Größe besteht Verwechslungsgefahr mit dem tödlich giftigen Wasserschierling. Man sollte die Pflanze also sehr gut kennen, bevor man sie sammelt.
Für die Öldestillation wird normalerweise die Wurzel bzw. der ganze Wurzelstock verwendet. Das Öl aus den Samen riecht weniger fein. Vor dem Destillieren die Wurzel sehr gut zerkleinern, am besten zerstoßen und fermentieren. Bei der professionellen Herstellung werden die Wurzeln klein geschnitten und zwei bis drei Jahre gelagert und fermentiert. Die Ernte der Wurzel erfolgt im zweiten oder dritten Jahr nach der Blüte im Herbst. Tragen Sie das Angelika nicht auf, wenn Sie anschließend in die Sonne gehen, es hinterlässt Flecken auf der Haut.
Wirkung: antibakteriell, schleimlösend, schmerzmildernd, beruhigend, durchblutungsfördernd
Ausbeute: Wurzel 0,3-1 %, Samen 0,8-1,1 %

Anis, Sternanis
(Pimpinella anisum, Illicium verum)

▲ Anis

Das ätherische Öl befindet sich in den Samen. Um eine optimale Ausbeute zu erhalten, sollten Sie die Samen vom Gewürzanis vor dem Destillieren mit einem Mörser leicht zerstoßen. Auch getrocknete Samen, wie es sie im Gewürzregal zu kaufen gibt, können verwendet werden. Achten Sie beim Befüllen der Destille darauf, dass die Schüttung nicht zu dicht ist, sonst entsteht ein Überdruck.
Anisöl sollte nur äußerlich angewendet werden. Setzen Sie die entsprechenden Hautpartien nicht direkter Sonneneinstrahlung aus.
Wirkung: beruhigend, schlaffördernd, lindert Husten und Erkältungen, stärkt den Magen, krampflösend
Ausbeute: Anis 2-3,5 %, Sternanis 1-5 %

Arnika
(Arnica montana)

Für das ätherische Öl der Echten Arnika werden die getrockneten Blüten verwendet, es gehört im Alpenraum zu den bekanntesten Heilölen und wird überwiegend zu Massageöl verarbeitet sowie zu Tonika, Cremes und Salben. Sogenannte „Sportlermassagen" werden in der Regel mit Massageöl auf Arnikabasis durchgeführt. Da es schwierig

ist, Arnika in größeren Mengen anzubauen, werden nach wie vor wild gesammelte Blüten verwendet, jedoch ist es inzwischen zumindest gelungen, eine für den Feldanbau geeignete Sorte zu züchten. Arnika ist in vielen Ländern vom Aussterben bedroht bzw. steht auf der Liste (stark) gefährdeter Arten, seit ca. zehn Jahren auch in Österreich. Die Hauptgefährdungsursache stellt aber weniger die Ernte der Blüten dar als vielmehr die nach wie vor anhaltende Zerstörung ihres Lebensraumes (Quelle: Wikipedia).
Neben den Blüten können auch die grünen Blätter (vor der Blüte ernten) und die Wurzeln (am besten fermentiert) destilliert werden.
Keinesfalls innerlich, nur äußerlich verwenden!
Wirkung: antiseptisch, lindert rheumatische Schmerzen, hilft bei Schwellungen und Insektenstichen, mildert Schmerzen bei Prellungen, Verstauchungen oder Blutergüssen, unterstützt die Selbstheilung des Körpers
Ausbeute: getrocknete Blüten: 0,2-0,3 %

Baldrian, Speik (Speick), Narde (indischer Nardenbaldrian) (*Valeriana officinalis, Valeriana celtica* ssp. Norica, *Nardostachys jatamansi* Valerianaceae)

Von der Baldrianpflanze *(Valeriana officinalis)* ist ausschließlich die Wurzel für die Destillation geeignet. Die Pflanze sollte mindestens zwei bis drei Jahre alt sein, dann kann die Wurzel im Herbst aus der Erde gezogen werden. Es ist auch möglich, die Wurzel zu trocknen: Zerkleinern und in die Sonne legen, aber auch mit dem Backrohr bis maximal 70 °C können Sie etwas nachhelfen. Fermentieren ist ebenfalls sinnvoll. Insbesondere beim Trocknen entströmt der typische Baldriangeruch, der Katzen magisch anzieht. Dasselbe gilt für Ratten, daher wird Baldrian von Rattenfängern auch oft als Lockmittel verwendet. Gemäß jüngsten Forschungen ist Baldrianwurzel der stärkste Lockstoff für Schleimpilze *(Physarum polycephalum).*
Speik bzw. der „keltische Baldrian" (*Valeriana celtica* ssp. norica) wächst im Süden von Österreich in der Tauernregion über 2.000 m Höhe und steht unter strengem Naturschutz. Nur wenige Bauern haben die Genehmigung, Speik zu „stechen", obwohl es wissenschaftlich erwiesen ist, dass er sich mehr verbreitet, wenn jedes Jahr ca. die Hälfte eines Speikfeldes abgebaut wird. Vor dem Abbauverbot war der Speik in der Volksmedizin weit verbreitet und

▲ Speik nach der Blüte (oben) sowie Blätter und Wurzeln (unten)

wurde bereits vor ca. 2.500 Jahren sogar bis nach Ägypten transportiert. Dort verwendete man ihn als Grundsubstanz für Parfüms. Das ätherische Öl gewinnt man aus den getrockneten bzw. fermentierten Speikwurzeln. Die frischen Wurzeln enthalten zwar auch Öl, allerdings ist bei getrockneten Wurzeln der Duft viel angenehmer. Erntezeit ist von Mitte August bis Mitte September. Wie echter Baldrian übt der Geruch von frischen, zum Trocknen ausgelegten Speikwurzeln auf Katzen eine enorme Anziehungskraft aus.

Narde bzw. indischer Nardenbaldrian (*Nardostachys jatamansi* Valerianaceae): Diese Blütenpflanze aus der Familie des Baldrians wächst im Himalaya in Nepal, Indien, Bhutan und Tibet in 3.000 bis 5.000 m Höhe. Die getrockneten und ggf. fermentierten Wurzeln zerkleinern und destillieren. Der indische Nardenbaldrian hat im Unterschied zum echten Baldrian einen angenehmen Duft. Nardenöl war im Altertum das meistgeschätzte und kostbarste Parfüm. Es war nur für Priester, Könige und hohe Eingeweihte bestimmt, Maria Magdalena salbte Jesus Christus die Füße damit, auch wurde Nardenöl als Beigabe im Grab von Tutenchamun gefunden. Auch dieser Duft wirkt anziehend auf Katzen.

Wirkung: Baldrian: lindert Magen- und Darmprobleme, schlaffördernd, beruhigend. Speik: krampflösend, fiebersenkend, kreislaufanregend, magenstärkend. Narde: hautfreundlich, entspannend, stressabbauend, durchblutungsfördernd, stärkt das Herz-Kreislauf-System, entzündungshemmend, juckreizstillend, regt die Pheromonproduktion an

Ausbeute: Baldrian: 0,2-1,0 %, Speik: 1,5-1,75 %, Narde: 0,25-0,5%

Balsampappel, Lungauer Balsampappel
(Populus balsamifera L., P. trichocarpa)

Diese amerikanische Pappelart *(Populus balsamifera)* hat harzige, intensiv nach Kiefernnadeln duftende Blätter. Noch intensiver verströmt diesen balsamischen Duft das von den Knospen und jungen Trieben ausgeschiedene Harz. Üblicherweise werden die Knospen extrahiert und das Extrakt für Haarshampoos verwendet. Das ätherische Öl kann jedoch auch wie gewohnt mittels Wasserdampfdestillation aus den Knospen, Blättern, dünnen Ästen und dem Holz gewonnen werden. Da Balsampappelöl schwe-

◄ Oben links: Äste und Holz der Balsampappel, ohne Blätter oder Knospen. Unten: Hackschnitzel der Äste und vom Holz. Oben rechts: Balsampappelöl (schwerer als Wasser) im Hydrolat aus gehäckseltem Holz (914 g).

rer ist als Wasser, sammelt es sich unten in der Vorlage. Das Harz wurde von den amerikanischen Ureinwohnern gegen Erkältungen, Rheumatismus, zum Desinfizieren von Wunden und bei Verbrennungen verwendet.
Wie die Lungauer Balsampappel *(Populus trichocarpa)* einst von Amerika in den Lungau (Salzburg, Österreich) gekommen ist, weiß man nicht mehr, sie wird dort aber seit langer Zeit vermehrt und kultiviert. Als Hausmittel gegen Fieberblasen, zur Wundheilung sowie bei schmerzenden Gelenken und Gicht wird aus den harzreichen Knospen Balsamöl und Balsamsalbe hergestellt.
Wirkung: unterstützt aktiv die Haarstruktur, entzündungshemmend, desinfizierend, schmerzstillend, antibakteriell, antiseptisch, konservierend
Ausbeute: Knospen: 30-40 % Harz; Holz: 0,05-0,1 % Öl; Blätter, Triebe: 0,3-0,5 % Öl

Bärenklau

siehe Wiesenbärenklau

Bärlauch
(Allium ursinum)

Zerkleinerte, frische Bärlauchblätter verwenden. **Achtung:** beim Ernten nicht mit dem Maiglöckchen oder den Aronstabblättern verwechseln.
Wirkung: anregend, entgiftend, blutreinigend, blutdrucksenkend
Ausbeute: 0,01-0,05 %

Basilikum *(Ocimum basilicum)*

Zitronenbasilikum ▼

Das ganze Kraut zerkleinern. Das Öl kann aber auch nur aus den Blättern bzw. den blühenden Spitzen hergestellt werden, das hängt ganz von Ihrer Basilikummenge ab. Im Handel werden unterschiedliche Basilikumsorten angeboten. So eignet sich z.B. auch der Zitronenbasilikum hervorragend für die Destillation. Verwenden Sie Produkte aus Basilikumöl nicht im Gesicht.
Wirkung: appetitanregend, verdauungsfördernd, nervenberuhigend, entspannend und schmerzlindernd bei Magen- und Menstruationsproblemen, Balsam für Geist und Seele, antibakteriell
Ausbeute: 0,02-0,04 %

Bay, Bayrumbaum, Westindischer Lorbeer *(Pimenta acris, P. racemosa)*

Das Bayöl wird durch Destillation der (zerkleinerten) Blätter, beerenartigen Früchte und jungen Zweigspitzen gewonnen. Im Juni/Juli ist der Ölgehalt am höchsten. Die Bäume sind hauptsächlich auf der karibischen Insel Dominica (Westindische Inseln) beheimatet, wo dieses Öl auch hergestellt wird. Es gibt drei verschiedene Geruchsrichtungen: normal, Anis und Citronella.
Wirkung: regenerierend, kühlend, unterstützt müde und beanspruchte Haut
Ausbeute: 2,3-2,6 % (Blätter)

Beifuß, wilder Wermut

siehe Wermut

Benzoe *(Styrax benzoin)*

Der Sumatra-Benzoebaum (Styraxbaum) ist bis zu 20 m hoch, hat bis zu 10 cm breite Blätter sowie bis zu 18 cm lange Blütenstände mit weißen Blüten. Industriell wird das Öl aus den Bäumen zuerst durch Lösemittelextraktion, anschließend durch Wasserdampfdestillation gewonnen. Auch das Resinoid-Verfahren ist üblich. Das Öl wird häufig als Fixativ für die Parfümherstellung verwendet und ist ein Bestandteil des Weihrauches. Im kleinen Maßstab

können auch zerkleinerte Äste destilliert werden, allerdings ist die Ausbeute viel geringer. Das Harz hat einen sehr hohen Ölgehalt und kann wie beschrieben als Mischung mit Buchenholzspänen destilliert werden.
Wirkung: schleimlösend, krampflösend, lindert Nervosität und Reizbarkeit sowie Atemwegserkrankungen
Ausbeute: 20-40 % aus dem Harz

Bergamotte *(Citrus aurantium)*

Entweder die Schalen der kleinen grünen Früchte des Bergamott-Baumes, einer Kreuzung aus Bitterorange und Zitrone, auspressen oder in zerkleinerter Form destillieren (siehe Zitrone). Tragen Sie das Öl nicht auf die Haut auf, wenn Sie anschließend ein Sonnenbad nehmen wollen.
Wirkung: unterstützt unreine und fettige Haut, antidepressiv, fiebersenkend, appetitanregend, stimmungsaufhellend, entspannend, lindert Angst und Depression
Ausbeute: 0,3-0,6 %

Birke *(Betula lenta, B. alba)*

Das Birkenöl kann sowohl aus den belaubten Ästen, den Knospen als auch der weichen äußeren Rinde des Baumes gewonnen werden. Die kommerzielle Gewinnung des süßen Birkenöls erfolgt nur aus der Rinde des Birkentyps *lenta*. Die Rinden oder die dünnen Äste und Knospen von Mai bis Juni ernten und zerkleinert destillieren.
Wirkung: harntreibend, entschlackend, vorbeugend gegen Harn- und Nierensteine sowie Harnwegsentzündungen, haarwuchsfördernd
Ausbeute: 0,05-1 %

Bitterorange – Neroli *(Citrus aurantium)*

Für das Neroliöl werden die frischen Blüten des Bitterorangenbaumes (Pomeranze) destilliert. Neben Jasmin und Rose ist es eines der teuersten Öle.
Das Hydrolat der Destillation ist das Orangenblütenwasser. Es riecht komplett anders und viel feiner als das Neroliöl, weil in der Orangenblüte ein wasserlöslicher und ein in Wasser unlöslicher Riechstoff enthalten sind. Nur der wasserlösliche Stoff ist im Hydrolat enthalten. Häufig wird falsches „Orangenblütenwasser“ durch Schütteln mit Neroliöl hergestellt, dieses riecht jedoch nach dem Öl und

nicht wie das echte Hydrolat, wodurch es relativ einfach von diesem zu unterscheiden ist. Die chemischen Eigenschaften sind ebenfalls unterschiedlich.
Das Orangenöl, das ätherische Öl aus der Orangenschale, ist unter „Orange“ beschrieben.
Wirkung: antidepressiv, beruhigend, einschläfernd, regt das Wachstum von Hautzellen an
Ausbeute: 0,07 - 0,1 %

Bitterorange – Petitgrain
(Citrus aurantium, C. limonum, C. reticulata, C. amara, C. bigaradier)

Für dieses beliebte Öl kommt – wie beim Neroliöl – wieder der Bitterorangenbaum zum Einsatz, diesmal werden allerdings die Blätter, die dünnen Äste und die Knospen bzw. unreifen Früchte verwendet. Die Blätter von Zitronen- und Mandarinenbäumen können ebenfalls zu Petitgrain verarbeitet werden.
Das Orangenöl, das ätherische Öl aus der Orangenschale, ist unter „Orange“ beschrieben.
Wirkung: beruhigend, konzentrationsfördernd, antidepressiv, lindert Atemwegsprobleme
Ausbeute: 0,2 - 0,4 %

Bohnenkraut
(Satureja hortensis, S. montana)

Geben Sie das ganze Kraut (frisch oder getrocknet) zerkleinert in den Kessel. In speziellen Blumenhandlungen gibt es besondere Sorten, die Ölausbeuten bis zu 4 % versprechen.
Wirkung: krampflösend, appetitanregend, antiseptisch, erfrischend, hautpflegend, deodorierend, entspannend
Ausbeute: 0,1 - 1 %

Cajeput
(Melaleuca leucadendron)

Die Pflanze gehört zur Familie der Myrtengewächse und ist in Südostasien beheimatet. Die frischen Blätter und dünnen Äste des Cajeputbaumes zerkleinern und destillieren.
Wirkung: keimtötend, lindert Atemwegserkrankungen und Grippe sowie Hautprobleme, beruhigend, durchblutungsfördernd
Ausbeute: 0,8 - 1 %

Calendula

siehe Ringelblume

Cistrose *(Cistus ladanifer)*

Die klebrigen Blätter und Äste des Strauches verwenden.
Wirkung: mildert Hauterkrankungen, fördert Wundheilung, antiseptisch, entkrampfend, anregend, entspannend
Ausbeute: 1-1,5 %

Citronella

siehe Zitronengras

Clementine *(Citrus clementina)*

Die Schale pressen bzw. in zerkleinerter Form destillieren (siehe Zitrone).
Wirkung: zum Einschlafen und Wohlfühlen, wärmend
Ausbeute: 0,5-0,7 %

Damiana *(Turnera diffusa)*

Heimisch ist dieser Strauch im Südwesten von Texas, Mittelamerika, der Karibik und Südamerika. Die Blätter des Strauches werden traditionell von den Ureinwohnern in Mittelamerika als Tee und zum Räuchern verwendet. Damiana hat eine stimulierende Wirkung auf die Libido beider Geschlechter, daher wird es insbesondere in Mexiko als Aphrodisiakum benutzt, wo es auch als Medizin zugelassen ist. Die Blätter werden geraucht, als Tee konsumiert oder mit alkoholischen Getränken gemixt.
Das wasserdampfdestillierte ätherische Öl und Hydrolat haben den gleichen angenehmen, süßlich-kräuterartigen Geruch wie die getrockneten Blätter vor der Destillation. Getrocknete und gerebelte Damianablätter sind im deutschsprachigen Raum im Versandhandel für Kräuter und Gewürze erhältlich.
Wirkung: mental stimulierend, entspannend, angstlösend, Aphrodisiakum
Ausbeute: getrocknete Blätter: 0,1-0,2 %

Davana *(Artemisia pallens)*

Die gelben Blüten des Krautes für die Destillation verwenden.
Wirkung: beruhigend, aufbauend, entspannend, durchblutungssteigernd
Ausbeute: 0,05-0,5 %

Dill *(Anethum graveolens)*

Es eignet sich das ganze Kraut inkl. der Samen. Das Öl wird üblicherweise nur aus den Samen hergestellt, da die Ausbeute höher ist. Die Samen werden im Herbst geerntet.

Wirkung: beruhigend, verdauungsfördernd, appetitanregend, entwässernd, entspannend
Ausbeute: 2-4 % (Samen)

Dost

siehe Oregano

Eichenmoos
(Evernia, Parmelia, Ramalina, Usnea)

Die diversen Baummoose werden gesammelt, bevor die Blätter austreiben, d.h. im Winter oder zeitigem Frühjahr. Die Ölgewinnung erfolgt durch Lösemittelextraktion bzw. Enfleurage.
Wirkung: leicht aphrodisierend, entspannend
Ausbeute: 0,01-0,1 %

Eisenkraut
(Verbena officinalis)

Das Echte Eisenkraut (Taubenkraut, Katzenblutkraut, Sagenkraut, Wunschkraut) wird wegen seines lateinischen Namens oft mit der Zitronenverbene (siehe dort) verwechselt. Im Handel erhältliche „Eisenkraut"-Ölfläschchen enthalten meistens Zitronenverbeneöl, wahrscheinlich auch, weil der Ölgehalt von Eisenkraut um ein Vielfaches geringer ist. Jedenfalls handelt es sich hierbei um eine komplett andere Pflanze, sowohl vom Aussehen her als auch von der Wirkung. Die Unterscheidung ist am Geruch und Geschmack sehr einfach möglich, Zitronenverbene duftet und schmeckt intensiv nach Zitrone, das Echte Eisenkraut riecht hingegen unauffällig und schmeckt eher bitter. Eisenkraut ist eine traditionelle Heilpflanze und wurde bereits im Altertum in Ägypten, im antiken Griechenland und Rom sowie von den Kelten bei kultischen Zeremonien verwendet.
Zum Destillieren das gesamte Kraut in der spät blühenden Phase ernten und fein häckseln, es kann sowohl frisch als auch getrocknet destilliert werden.
Wirkung: unterstützt die Konzentration und mentale Leistungsfähigkeit, schlaffördernd, wirkt neuroprotektiv, hilft bei Bronchitis und sonstigen Beschwerden der oberen Atemwege, bei Fieber, Migräne, Menstruationsschwäche sowie bei Hautproblemen und schlecht heilenden Wunden
Ausbeute: 0,01-0,05 %

Estragon *(Artemisia dracunculus)*

Das ganze blühende Kraut am Ende des Sommers bzw. im Frühherbst ernten.
Wirkung: magenstärkend, appetitfördernd, stärkend und aufbauend, lindert Rheuma, durchblutungsfördernd
Ausbeute: 0,1 - 0,4 %

Eukalyptus *(Eucalyptus globulus, E. radiata)*

Der Eukalyptusbaum kann problemlos auch bei uns gedeihen. Wichtig ist allerdings die Sorte: vor allem der „globulus"-Eukalyptus beinhaltet das hervorragende Öl. Die Pflanze ist nicht winterfest. Blätter und dünne Äste zerkleinern. Wenn die Blütenstände ausgewachsen sind, ist der perfekte Erntezeitpunkt. In unseren Breiten ist die Blüte jedoch leider nicht immer möglich.
Wirkung: blutzuckerspiegelsenkend, desinfizierend, kühlend, harntreibend, unterstützt die Atmung, anregend, aufmunternd, konzentrationsfördernd
Ausbeute: frisch 0,5 - 2 %, getrocknet 3 - 4 %

◄ Großes Bild: Eukalyptus als Topfpflanze; für die Destillation wurde nur der oberste linke Ast verwendet. Kleines Bild: 5,5 ml Eukalyptusöl aus 800 g Einwaage.

Fenchel
(Foeniculum vulgare, F. amara, F. dulce)

Üblicherweise werden die frischen oder getrockneten Samen destilliert, das Kraut hat eine andere Duftnote. Geschrotete Samen ergeben eine höhere Ausbeute.
Wirkung: antitoxisch, harntreibend, zellulitishemmend, magenstärkend, aufbauend, nervenberuhigend
Ausbeute: 2-5 % (Samen)

◀ Im Uhrzeigersinn von o.l.: blühender Fenchel, dessen getrocknete Dolden, nach der Zerkleinerung mit dem Cutter, Flaschen mit Hydrolat und Fenchelöl. Ausbeute: 31 ml Öl und 480 ml Hydrolat aus 844 g getrockneten Dolden mit Samen

Fichte, Föhre (Waldkiefer, Gemeine Kiefer), Lärche, Latschenkiefer, Tanne, Douglasie, Zirbelkiefer (Zirbe)
(Picea abies, Pinus sylvestris, Larix decidua, Pinus mugo

Sowohl die Nadeln, die dünnen Zweige als auch die Zapfen eignen sich gut zerkleinert zum Destillieren. Zwischen Mai und August ernten, dann haben die Pflanzenteile den größten Ölgehalt, im Winter ist das ätherische Öl wegen Kälte und zu wenig Sonne kaum mehr vorhanden. Das jeweilige Harz kann ebenfalls destilliert werden, sofern der Tipp von Seite 71 beachtet wird, damit die Anlage nicht verklebt bzw. verstopft.
Sehr wohl können herabgefallene Fichtenzapfen *(Picea abies)* im Winter gesammelt, entschuppt und die Achse (Spindel) sowie die Samen fein gehäckselt und destilliert werden. Die Ölausbeute ist eher gering, jedoch hat das Hy-

drolat einen sehr angenehmen, markanten Duft ähnlich wie ein Nadelwald im feuchten Spätherbst.

Von der Kiefer *(Pinus sylvestris)* stammt das bekannte Terpentinöl, welches vor allem für Farben, Lacke und Holz- / Lederpflegemittel verwendet wurde. Bei den meisten Anwendungen kommt inzwischen das petrochemische Produkt Terpentinersatz zum Einsatz, im Gegensatz zum natürlichen Terpentinöl hat es wegen des hohen Anteils von Benzol und Toluol krebserregende Eigenschaften. Aus dem Wurzelholz wird in Nordamerika durch Wasserdampfdestillation das Holzterpentinöl gewonnen. Wird das Harz der Kiefernwurzeln hingegen trocken destilliert, entsteht das Kienöl.

Von der Lärche *(Larix decidua)* enthalten die männlichen und die weiblichen Zapfen ätherisches Öl, der Baum ist wie die Föhre *(Pinus sylvestris)* im Frühsommer am harzigsten, beide sollten für eine möglichst hohe Ausbeute also je nach Witterung Mai bis Juni destilliert werden.

Bei der Latschenkiefer *(Pinus mugo subsp. mugo)* werden für die kommerzielle Ölherstellung überwiegend nur die Nadeln verwendet. Bei dieser Pflanze hatten wir im Jahr 2002 ein Schlüsselerlebnis: unzerschnittene, ca. 10 cm lange Triebe ergaben keinen einzigen Tropfen ätherisches Öl, beim gleichen Material fein gehackt war das Ergebnis immerhin 12,6 ml ätherisches Öl.

Das besonders feine (Weiß-)Tannenöl *(Abies alba)* wird kommerziell aus zerkleinerten, dünnen Zweigspitzen hergestellt. Im Gegensatz zum Hydrolat von entschuppten

subsp. mugo, Abies alba, Pseudotsuga menziesii, Pinus cembra)

▼ Linkes Bild: Trieb der Föhre mit jungen Zapfen; rechtes Bild: Fichtenzweigchen, darunter mit Cutter zerschnittene Fichtennadeln nach der Destillation. Bei allen Nadelhölzern müssen die Nadeln möglichst fein zerschnitten werden, sonst kann das ätherische Öl beim Destillieren nicht entweichen.

Fichtenzapfen ist der Geruch von Tannenzapfenöl eher dezent und nicht so charakteristisch.
Einer der angenehmsten Nadeldüfte stammt aus der Douglasie *(Pseudotsuga menziesii)*, sie wird oft auch fälschlicherweise als Douglas-Fichte/-Tanne bezeichnet. Die Douglasie gehört ebenfalls zur Familie der Kieferngewächse.
Nur wenn die Zirbe *(Pinus cembra)* auf mindestens 1.800 Meter Seehöhe wächst, hat sie die typischen ätherischen Öle, mit denen sich die Baumzellen gegen Kälte schützen. Auch hier werden zur kommerziellen Ölherstellung hauptsächlich die Nadeln verwendet. Ein Tischler hat uns zu Testzwecken Zirbenzweige mit Nadeln und Sägemehl aus Zirbenholz zugeschickt. Entgegen unseren Erwartungen war die Ölausbeute jedoch nicht größer als bei Föhre oder Latsche. Das Sägemehl enthielt prinzipiell zwar ätherisches Öl, aber zu wenig zum Abziehen. Das Hydrolat des Sägemehls war jedoch leicht trüb mit einem starken Zirbenduft, an der Flaschenwand klebten kleine Öltröpfchen.
Um die Zirbe ist in letzter Zeit ein regelrechter Hype entstanden, nach dem Motto „Zirbenholz als Wundermittel", es soll gegen Schlaflosigkeit, Allergien, Kreislaufprobleme und selbst Migräne helfen. Die Versprechungen, die Hersteller und Händler von Zirbenholzprodukten (Kissen, Kugeln, Herzen, Handyhalter, Betten, Schränke, Schnäpse, Öle usw.) machen, sind vielfältig. Es wird daher oft auch als „Wunderholz" bezeichnet, was es natürlich nicht ist, wie amtliche Stellen immer wieder betonen. Beispielsweise das Bundesamt für Sicherheit im Gesundheitswesen (AGES): „Die eine Studie, die hier kursiert, ist völlig unzureichend." Vorsicht: Oft handelt es sich um geruchsarme russische oder rumänische Zirbenhölzer, die Gerüche werden dann aromatisch verstärkt. Auch bei den kleinen braunen Ölfläschchen sollte man das Kleingedruckte lesen, beispielsweise wird eine Mischung aus Zirbenöl und Zirbenholzextrakt als „Zirbenherzduft" angeboten. Dies ist kein reines, wasserdampfdestilliertes ätherisches Öl, trotz der Angabe „100 % naturrein".
Wirkung: <u>Fichte:</u> antiseptisch, deodorierend, atmungsanregend, entspannend. <u>Föhre:</u> lindert Husten, Bronchitis und Atemwegsinfektionen. <u>Lärche:</u> lindert Asthma und

andere Atemwegsbeschwerden. Latschenkiefer: antiseptisch, schleimlösend, mildert Erkältungen und Rheuma, durchblutungsfördernd. Tanne: erfrischend, wohltuend in den Atemwegen, stimulierend, erwärmend. Zirbe: durchblutungsfördernd, lindert Rheuma sowie Hautprobleme und Husten, wirkt wohltuend auf das Atemsystem und bei Schlafproblemen
Ausbeute: Fichte: 0,5-1 %, Föhre: 0,4-0,5 %, Lärche: 0,15-0,3 %, Latschenkiefer: 0,1-0,7 %, Tanne: 0,7-1 %, Zirbe: 0,4-0,6 %, Zirbenholz Sägemehl: 0,01 %, Harz aller Sorten: 30-40 %

Geranie *(Pelargonium graveolens, P. odoratissimum, P. capitatum, P. roseum, P. fragrans)*

Sie sollten Geranien nicht mit Pelargonien verwechseln, Letztere enthalten kein Öl und duften nicht, auch nicht das Hydrolat. Es handelt sich um die richtige Pflanze, wenn bei den grünen Blättern beim Reiben zwischen den Fingerspitzen ein Duft entströmt. Die meisten Duftgeranien haben behaarte grüne Blätter und kleine Blüten. Arten mit glatten Blättern und großen Blüten enthalten jedoch im Allgemeinen kein ätherisches Öl.
Verwenden Sie die grünen Blätter und blühenden Spitzen. Das ätherische Öl befindet sich vor allem in den jungen Blättern. Zerkleinern Sie die Pflanze nur sehr grob, andernfalls bildet sich beim Destillieren ein Brei. Zum Erntezeitpunkt muss die Pflanze blühen. Bei den Geranien existieren viele unterschiedliche Arten: Zitronengeranien z.B. ergeben einen Zitrusduft. Rosengeranien ähneln dem Rosenöl (30 % der Inhaltsstoffe sind identisch), mit dem Unterschied, dass hier die Ausbeute viel größer ist. Aus diesem Grund wird durch fraktionierte Destillation hergestelltes Rosengeranienöl häufig als Rosenölersatz verwendet.

▼ Rosengeranie

Wirkung: blutzuckerspiegelsenkend, reinigt Leber und Niere, mildert Beschwerden in den Wechseljahren, anregend bei sehr fettiger oder sehr trockener Haut, beruhigend, antisep-

tisch, reinigend, erfrischend, unterstützt die Wundheilung, mildert Angstzustände, Niedergeschlagenheit und Unzufriedenheit, blutstillend
Ausbeute: 0,1 - 1 %

Ginster
(Spartium junceum)

Aus den Blüten des Ginsterstrauches wird industriell das Öl durch Enfleurage bzw. Lösemittelextraktion gewonnen. Die Wasserdampfdestillation ist zwar auch möglich, angesichts der sehr geringen Ausbeute müssen Sie jedoch zweimal destillieren. Im zweiten Durchgang das Hydrolat in den Kessel geben und nochmals frische Blüten zugeben. Ätherisches Öl und Hydrolat sollten nur äußerlich angewendet werden.
Wirkung: aufbauend und stärkend, entspannend
Ausbeute: 0,05 - 0,09 %

Grapefruit
(Citrus grandis, C. paradisii)

Für die Grapefruit gilt das gleiche wie für die Zitrone, siehe dort.
Wirkung: durchblutungsfördernd, hautstraffend und vitalisierend, zellulitishemmend
Ausbeute: 0,4 - 1 %

Gundelrebe
(Glechoma hederacea)

Die Gundelrebe enthält ebenso ätherisches Öl wie ihre Verwandten, Minze, Thymian und Salbei. Die blühenden Pflanzen im Frühsommer ernten.
Wirkung: lindert Erkältungen und Bronchitis, blutstillend, tonisch
Ausbeute: 0,03 - 0,06 %

Hanf
(Cannabis sativa)

Ernten Sie Ende September bis Mitte Oktober die jungen Blätter und Blütendolden der weiblichen Pflanze, anschließend zerkleinern und destillieren. Bei der Wasserdampfdestillation geht der Inhaltsstoff THC (Tetrahydrocannabinol) nicht mit. D.h. auf diese Weise hergestelltes Hanföl hat keine Rauschwirkung, im Gegensatz zu Hanföl, welches mittels Lösemittelextraktion hergestellt wurde.
Verwenden Sie nicht THC-freien Industriehanf, welcher beispielsweise für die Textilherstellung angebaut wird. Dessen ätherisches Öl und Hydrolat haben einen unangenehmen, fast stinkenden Geruch, wohingegen das Öl und

Hydrolat aus einem THC-Hanf sehr angenehm duftet. Die Duftnote kann als maskulin und warm beschrieben werden, ein wenig wie ein Herbstwald nach dem Regen. Das Öl eignet sich daher auch hervorragend als Basisnote für ein Männerparfüm (siehe Kapitel 5).
Wirkung: appetitanregend, beruhigend, muskelentspannend, stimmungsaufhellend, hautberuhigend, entzündungs- und übelkeitshemmend, schmerzstillend, bronchienerweiternd, augeninnendrucksenkend, mückenabwehrend
Ausbeute: 0,1 - 0,16 %

Heiligenkraut *(Santolina chamaecyparissus)*

Das ganze, zerkleinerte Kraut verwenden.
Wirkung: krampflösend, magenwirksam, stimulierend
Ausbeute: 0,5 - 1 %

Hopfen *(Humulus lupulus)*

Nicht die Hopfensprossen, sondern die Fruchtzapfen der weiblichen Pflanze im Spätsommer ernten. Achten Sie darauf, dass die Fruchtstände noch grün sind oder leicht gelblich. Auch der wilde Hopfen eignet sich hervorragend zum Destillieren.
Wirkung: antiseptisch, appetitanregend, verdauungsfördernd
Ausbeute: 0,3 - 1 %

Indianerwurzel

siehe Melisse

Ingwer *(Zingiber officinale)*

Sowohl die frische als auch die getrocknete Wurzel kann destilliert werden. Die getrocknete Wurzel ergibt ein weniger scharf riechendes Öl. Auch hier gilt: Je besser Sie die Wurzel zerkleinern, desto höher ist die Ausbeute, eventuell die Wurzel zusätzlich fermentieren.
Einmal haben wir versucht, frische, zerkleinerte Ingwerwurzeln zu destillieren. Das Ergebnis war eine Sauerei und ein regelrechtes Schaumbad. Vergessen Sie daher nicht, vor dem Destillieren Antischaum hinzuzugeben.
Wirkung: appetitanregend, antiseptisch, magenstärkend, lindert Reisekrankheit, durchblutungsfördernd
Ausbeute: 1,9 - 2,6 % (getrocknet)

Iris, Schwertlilie
(Iris germanica var. florentina, I. pallida)

Die Herstellung von Irisöl ist relativ aufwändig. Erst nach drei Jahren ist die Pflanze erntereif und die Wurzel im Herbst bereit zum Ausgraben. Danach muss sie nochmals drei Jahre trocknen und fermentieren, bevor sie geschält, gemahlen und anschließend destilliert werden kann. Industriell wird das Öl auch mittels Lösemittelextraktion oder dem Resinoid-Verfahren gewonnen. Es ist normalerweise butterartig fest, von gelber Farbe und feinem, sehr starken Veilchengeruch. Erst bei ca. 40 °C wird es flüssig, erstarrt aber schon bei 28 °C. Sie sollten beim Destillieren daher darauf achten, nicht zu stark zu kühlen. Irisöl ist lange haltbar, man sollte es jedoch in 96%vol Alkohol gelöst aufbewahren.
Wirkung: blutreinigend, harmonisierend, hautpflegend
Ausbeute: 0,1-0,2 %

Jasmin
(Jasminum officinale, J. grandiflorum)

Industriell wird Jasminöl mittels Lösemittelextraktion hergestellt. Zu Hause machen Sie es aber besser mit der Enfleurage. Ernten Sie die Jasminblüten, wenn die Knospen gerade aufgegangen sind und sich die volle Blüte formt. Die Blüte darf nicht zu alt sein. Beachten Sie bei der Enfleurage, dass diese mindestens drei Wochen dauert – während dieser Zeit brauchen Sie also immer wieder frische Blüten. Beginnen Sie daher mit der Verarbeitung, sobald der Strauch die ersten Blüten trägt. Der Erntezeitpunkt ist Juli bis Oktober, wobei, wie bei den Rosen, bei Sonnenaufgang geerntet wird. Die Jasminblüte duftet nachts, Sie können sie daher auch nach Sonnenuntergang pflücken.
Wirkung: antidepressiv, aphrodisierend, lindert Hautentzündungen und Kopfschmerzen sowie Gebärmutterprobleme und Menstruationsstörungen, beruhigend, stimmungshebend, entspannend
Ausbeute: 0,07-0,1 %

▼ Jasminblüte

Johanniskraut *(Hypericum perforatum)*

Für die Destillation verwenden Sie das zerkleinerte ganze Kraut. Ernten Sie die Pflanze zwischen Mitte Juni und Ende August und schneiden Sie sie in der Mittagshitze. Früher wurde das Johanniskraut nur am Johannistag, dem 24. Juni, gepflückt.
Wirkung: stimmungsaufhellend, antidepressiv, lindert Rheuma, entkrampfend, nervenstärkend
Ausbeute: 0,05-0,1 %

Kamille, deutsche K., römische K. *(Matricaria chamomilla, M. recutia, M. discoidea, Anthemis nobilis, Chamaemelum nobile)*

Zur Ölherstellung werden bei der römischen Kamille *(A. nobilis)* die Blüten getrocknet, die deutsche Kamille *(M. chamomilla)* kann auch frisch verarbeitet werden. Für eine möglichst hohe Ausbeute Blüten von eben aufgeblühten Pflanzen verwenden und im Cutter zerkleinern. Es gibt unterschiedliche Kamillensorten, wobei vor allem die *M. chamomilla* bzw. *M. recutia* bekannt sind.
Wenn Sie die Kamille destillieren, sollten Sie ein Blatt Küchenrolle oder ein Tuch in den Aromakorb legen, damit die feinen Blütenteilchen nicht auf den Kesselboden fallen und dort anbrennen. Als Ergebnis werden Sie bei der deutschen Kamille ein schönes, dunkelblaues Öl erhalten. Diese Farbe ist Azulen, welches durch die Dampfeinwirkung nur bei dieser einen Kamillensorte entsteht. Blaues Kamillenöl ist extrem wertvoll und daher entsprechend teuer. Wir haben einmal versucht, aus den getrockneten Kamillen, die es in der Apotheke zu kaufen gibt, Öl zu destillieren. Die Ausbeute war vernachlässigbar gering, es waren nur ein paar blaue Schlieren zu sehen. Bei getrockneten Kräutern hängt es immer davon ab, ob die Pflanzen zum richtigen Zeitpunkt geerntet wurden, also nach viel Sonnenschein, ob der Trocknungsvorgang optimal war und ob das Material nicht zu alt ist (älter als einige Jahre bei entsprechenden Lagerbedingungen).
Wirkung: entzündungshemmend, lindert allergische Reaktionen sowie Rheuma und Hautprobleme, krampflösend, beruhigend, entspannend
Ausbeute: deutsche Kamille 0,05-0,1 %,
römische Kamille 0,8-1,0 %

▲ Kamillenöl der deutschen Kamille

Kampfer *(Cinnamomum camphora)*

Für die Wasserdampfdestillation wird das frische Holz des Kampferbaumes genutzt. Zerkleinern Sie das Holz auf eine Größe von 0,5 x 0,5 cm. Verwenden Sie das Öl nur äußerlich.
Wirkung: lindert Erkältungen, antidepressiv
Ausbeute: 3-4 %

Kardamom *(Elettaria cardamomum)*

Kardamom gehört zur Familie des Ingwers. Von dieser Pflanze werden jedoch die Samen, nicht die Wurzel, destilliert.
Wirkung: durchblutungsfördernd, mildert Verdauungsstörungen, stimmungshebend
Ausbeute: 4-7 %

Karotte *(Daucus carota)*

Man verwendet die getrockneten Samen der Karotte. Die Ernte sollte im September erfolgen.
Wirkung: stressmindernd, beruhigend
Ausbeute: 0,8-1,6 %

Kiefer

siehe Fichte

Knoblauch *(Allium sativum)*

Die zerkleinerten Knoblauchzehen destillieren. Der Geruch ist extrem intensiv. Geerntet wird von August bis September. Vor der Destillation ein paar Tropfen Antischaum auf das Destilliergut geben.
Wirkung: antibakteriell, blutdruck- und cholesterinsenkend, herzstärkend
Ausbeute: 0,1-0,4 %

Koriander *(Coriandrum sativum)*

Beim Koriander werden ähnlich wie bei Anis und Fenchel die Samen verwendet, geerntet wird Ende August bis Anfang September. Sobald sich die Fruchtstände der Pflanze verfärben, kann das Kraut abgeschnitten und getrocknet werden. Danach werden die Samen leicht ausgeschüttelt und vor dem Destillieren mit einem Mörser gut zerstoßen. Korianderöl eignet sich sehr gut als Fixativ für die Parfümherstellung.
Wirkung: krampflösend, lindert Magenschmerzen und Darmbeschwerden, schmerzstillend bei Rheuma und Gelenkschmerzen
Ausbeute: 0,1-0,8 %

Kümmel, Kreuzkümmel (Kumin) *(Carum carvi, Cuminum cyminum)*

Verwenden Sie die reifen Kümmelsamen *(Carum carvi)* und zerstoßen Sie diese vor dem Destillieren leicht mit einem Mörser. Wir haben die Erfahrung gemacht, dass Kümmelsamen, je nachdem woher sie stammen, im Dampf stark aufquellen können. Sie sollten die Anlage daher nur zu ca. ¾ befüllen, um zu vermeiden, dass sie beim Destillieren auseinandergetrieben wird.
Kuminöl und -hydrolat *(Cuminum cyminum)* haben einen anisähnlichen erfrischenden Duft im Gegensatz zum Kümmel. Sie sollten Kumin daher nicht mit Kümmel verwechseln, wenn Sie das Öl bzw. Hydrolat für die Küche verwenden möchten.
Achtung: Kümmel- und Kuminöl kann Hautirritationen hervorrufen, probieren Sie daher vorab in der Armbeuge einige Tropfen aus.
Wirkung: krampflösend, appetitanregend, stoffwechsel- und verdauungsfördernd
Ausbeute: 3-7 %

▲ Richtig destilliert ist Kümmelhydrolat undurchsichtig trüb und weiß wie Milch. Gut erkennbar: das Kümmelöl auf dem Hydrolat.

◄ Kümmelsamen (links) und Kuminsamen (rechts)

Kurkuma (Gelbwurz) *(Curcuma longa)*

Diese Pflanze gehört zur Familie des Ingwers. Die zerkleinerten Wurzeln frisch oder getrocknet (fermentiert) destillieren, Antischaum ist ein Muss!
Wirkung: durchblutungsfördernd, regt Verdauung an
Ausbeute: 4,5-5,5 %

Lärche

siehe Fichte

Latschenkiefer

siehe Fichte

Lavendel und Lavandin
(Lavandula officinalis, L. vera, L. angustifolia, L. spica, L. latifolia, L. stoechas, Lavandin grosso, Lavandin abrial)

Das Lavendelöl gehört zu einer der am weitesten verbreiteten Sorten. Für die industrielle Ölherstellung werden zwar nur die Blüten und Rispen verwendet, es kann jedoch auch das ganze Kraut destilliert werden. Je mehr Krautanteil, umso „holziger" wird das Öl. Die Pflanze ist reif für die Ernte, sobald auf der Rispe die Blüten verblühen und die Samen zu sehen sind (ca. Mitte August). Erst wenn Bienen und andere Insekten die (verblühten) Blüten nicht mehr anfliegen, um Nektar zu sammeln, ist der optimale Erntezeitpunkt für eine möglichst hohe Ölausbeute. Dann sind die Blüten nicht mehr bläulich-lila, sondern eher grau. Ernten Sie am frühen Nachmittag bei praller Sonne, dann hat die Pflanze den maximalen Ölgehalt. Normalerweise werden die frischen Stängel mit den Rispen vor der Destillation in Bündeln zusammengebunden und drei Tage getrocknet. Wir breiten die Stängel mit den Rispen zum Trocknen jedoch auf Packpapier aus, wie in Kapitel 3 beschrieben. Dies hat den Vorteil, dass sich die vollständig getrockneten Blüten durch Schütteln sehr einfach von den Stängeln trennen lassen. Sind die Rispen hingegen zu frisch, ist das Abtrennen eine sehr mühevolle Arbeit. Beim Destillieren ist es besser, die Stängel wegzulassen, da diese kaum Öl enthalten. Es existieren viele unterschiedliche Sorten, wie klassischer Lavendel oder Speiklavendel.

Blühender Lavandin ▼

Einen besonderen Stellenwert bei der Ölherstellung nimmt der *Lavandin* bzw. Hybrid-Lavendel ein, eine natürliche Kreuzung aus Echtem Lavendel *(Lavandula angustifolia)* und Breitblättrigem Lavendel *(Lavandula latifolia)*. Es handelt sich dabei um eine Spezialsorte, die nur für die Ölherstellung in der Provence (Frankreich) gezüchtet wurde. Die Pflanze hat zwar einen sehr hohen Ölgehalt, im Vergleich zum normalen Lavendel fehlen aber viele der heilenden Wirkungen.

Wirkung: nur Lavendel: blutdrucksenkend, lindert Hautbeschwerden, beruhigend, schmerzstillend, erfrischend, antiseptisch, entzündungshemmend, geburtsbeschleunigend

Ausbeute: Lavendel: Kraut 0,5-1,5 %, Blüten 2,5-3 %, Lavandin: 3-5 %

Lebensbaum

siehe Thuja

Lemongras

siehe Zitronengras

Liebstöckel *(Ligusticum levisticum)*

Sowohl die Wurzel als auch die Blätter enthalten ätherisches Öl. Die Wurzel kann frisch oder getrocknet und fermentiert verwendet werden, zerkleinern nicht vergessen. Die Blätter frisch destillieren.
Wirkung: mildert Verdauungsbeschwerden und Magenverschleimung sowie Nierenerkrankungen
Ausbeute: Blätter 0,3-0,5 %, Wurzeln 0,3-1,0 %

Limette *(Citrus aurantifolia, C. limetta)*

Die Schalen der Limetten können wie bei der Zitrone beschrieben verarbeitet werden. Verwenden Sie das Öl nicht bei direkter Sonneneinstrahlung.
Wirkung: deodorierend, antiseptisch, erfrischend, erheiternd
Ausbeute: 5-7 %

Lorbeer *(Laurus nobilis)*

Früchte, Blätter und dünne Äste zerkleinern. Zum Destillieren eignet sich sowohl die frische als auch getrocknete Pflanze.
Wirkung: antiseptisch, verdauungsfördernd, magenstärkend, mildert Schuppen und Haarausfall, stimulierend, aufheiternd
Ausbeute: Beeren 0,6-0,8 %,
Blätter frisch 1,0-2,5 %, getrocknet 0,8-1,5 %

Mädesüß *(Filipendula ulmaria)*

Das Echte Mädesüß wurde bereits von den Kelten genutzt, ist in fast ganz Europa heimisch und deutlich an seinem süß-herben Duft zu erkennen. Aus diesem Grund wird es auch oft für Mischungen in Duftpotpourris oder zur Geschmacksverbesserung von Met verwendet. Gemäß Europäischem Arzneibuch (Ph. Eur.) ist bei 1 kg blühender Stängelspitzen ein Mindestgehalt von 1 ml „wasserdampfflüchtiger Substanzen“ vorgeschrieben.
Daher, wenn genug Material vorhanden, zum Destillieren nur die blühenden Dolden fein zerkleinert verwenden. Jedoch eignet sich auch das gesamte Kraut gut zum Destillieren, in diesem Fall die Spätblüte abwarten, das

Kraut kann sowohl frisch als auch getrocknet destilliert werden.
Wirkung: schweiß- und harntreibend, unterstützend bei Erkältungen, entzündungshemmend, antirheumatisch, gegen Sodbrennen
Ausbeute: 0,05-0,1 %

Magnolienblüte, Champaka, Joy, Parfümbaum
(Magnolia champaca, Michelia champaca L.)

Aus Champaka wird „Joy", eines der teuersten Parfumaromen der Welt, erzeugt. In Südostasien wird diese Blüte bei religiösen Zeremonien, bei Massagen, in ayurvedischen Rezepturen und zur Teearomatisierung verwendet. Z.B. wird die Blüte in Wasser eingelegt und dieses versprengt. Der Duft einer einzigen Blüte kann einige hundert Meter weit wahrgenommen werden, sie reicht als Duftspender für ein ganzes Zimmer. Die Pflanze gedeiht bei uns in Kübelkultur, Erntezeit der Blüten ist in diesem Fall Mai bis Juni. Wie bei Rosen oder Jasmin früh morgens ernten.

Wegen der sehr geringen Ausbeute ist neben der Destillation auch die Enfleurage bzw. Extraktion sinnvoll. Je nach Art hat der Champakabaum weiße oder gelbe Blüten, beide können zur Ölgewinnung verwendet werden, jedoch liefern nur die gelben Blüten das „echte" Öl. Die Blüten sofort nach dem Pflücken verarbeiten, sonst werden sie braun und verlieren den Geruch.
Wirkung: beruhigend, entspannend, aphrodisierend, harntreibend
Ausbeute: 0,01-0,05 %

Majoran
(Origanum majorana)

Die zerkleinerten, blühenden Krautspitzen und Blätter destillieren. Aus frischem Kraut ist das Öl grünlich, aus getrocknetem gelblich. Wird es kühl gelagert, setzen sich harte Kristalle ab, die als Majorankampfer bezeichnet werden. Die Produkte nicht im Gesicht anwenden.
Wirkung: lindert Bronchitis und Rheuma, krampflösend, beruhigend, entspannend
Ausbeute: frisch 0,3-0,4 %, getrocknet 0,7-0,9 %

Mandarine
(Citrus reticulata, C. nobilis)

Es gilt das Gleiche wie für die Zitrone. Mandarinenöl hat annähernd die gleichen Eigenschaften wie Orangenöl, ist nur um einiges milder.

Wirkung: kräftigend und stimulierend, entspannend, antidepressiv, appetitanregend, antiseptisch
Ausbeute: 0,7-2 %

Melisse (Zitronenmelisse), Monarde (Indianernessel) *(Melissa officinalis, Monarda didyma, M. fistulosa)*

Die klassische Zitronenmelisse *(Melissa officinalis)*, oft auch nur als „Melisse" bezeichnet, ist derzeit das Lieblingsthema vieler Forschungsinstitute: Wann soll sie geerntet werden, um die maximale Ölausbeute zu erzielen? Die Ergebnisse reichen von der Ernte morgens, bevor die Sonne aufgeht, bis zur Mittagszeit während der maximalen Sonneneinstrahlung. Wir erzielten das beste Resultat, als wir am frühen Nachmittag, also bei maximaler Hitze, ernteten. Wichtig ist aber unseres Erachtens lediglich, dass die Tage vor der Ernte sonnig waren. Ernten Sie von Juni bis August, vor der Blüte, die ganze Pflanze und destillieren Sie sie sofort danach. Die Düfte von Melissenöl und -hydrolat sind unterschiedlich: Das Öl duftet frisch zitronenartig, das Hydrolat im Gegensatz dazu krautig. Aufgrund der geringen Ausbeute, ca. 7.000 kg Melisse werden für 1 l Öl benötigt, ist auch hier eine zweifache Destillation sinnvoll. Das Öl der Zitronenmelisse zählt derzeit zu den teuersten Ölen der Welt: 1 l Öl kostet ca. 5.000 Euro. Daher wird das Öl meist mit Citronella oder Zitronengras verfälscht bzw. gestreckt. Die Mischung ist viel preiswerter und wird oft ebenfalls als „Melissenöl" *(Melisse indicum* oder *Oleum melissae indicum)* angeboten, da der Duft von Laien kaum vom echten Melissenöl zu unterscheiden ist. Dieses Öl hat aber eine gänzlich andere Wirkung.

▲ Im Uhrzeigersinn von o.l.: Zitronenmelisse, blühende Rosenmelissepflanze, Blüte der Rosenmelisse, Goldmelisse

Vertreter einer komplett anderen Pflanzengattung, die fälschlicherweise ebenfalls Melisse genannt werden, aber zur Gattung der Indianernessel (Monarden) gehören, sind die Goldmelisse (*Monarda didyma*) und die Rosenmelisse (*Monarda fistulosa*). Erstere ist eine schöne, rot blühende Pflanze, die zweite hat lila Blüten, ein intensives Aroma

und im Vergleich zur Zitronenmelisse eine sehr gute Ausbeute. Verwenden Sie auch bei den Monarden die zerkleinerte, ganze, blühende Pflanze.
Wirkung: Zitronenmelisse: antiviral, wirkt bei Fieberblasen und Gürtelrose, entzündungshemmend, blutdrucksenkend, krampflösend, beruhigend, entspannend, schlaffördernd, dämpft Kopfschmerzen, ausgleichend und erheiternd, mäßigt Verdauungs- und Herzprobleme. Monarden: anregend, schleimlösend, schweiß- und harntreibend, fördert Wundheilung, menstruationsregulierend, wurmtreibend, magenberuhigend, lindert Kopfschmerzen, Fieber und Bronchitis
Ausbeute: Zitronenmelisse: 0,015-0,02 %,
Monarden: 0,5-%

Mimose
(Acacia decurrens, A. dealbata)

Mimosenöl wird industriell mittels Lösemittelextraktion aus den Blüten und Spitzen der feinen Äste hergestellt, jedoch waren auch einige Anwender mit der Enfleurage erfolgreich. Das Absolue und das Concrète werden als Fixativ in hochwertigen Seifen und Parfüms eingesetzt bzw. für die Aromatherapie.
Wirkung: schlaffördernd, verringert Angst und Unruhe
Ausbeute: 0,3-0,7 %

Minze: grüne M., Krauseminze, Nanaminze, Pfefferminze, Spearmint
(Mentha spicata, M. viridis, var. crispa, var. nanah, M. pulegium, M. arvensis, M. piperita, M. canadensis)

Bei den Minzen gibt es viele verschiedene Kulturformen, für die Ölherstellung interessant sind die grünen Minzen *(M. spicata)*, Spearmint *(M. viridis)* und die Pfefferminze *(M. piperita)*. Wegen des relativ hohen Ölgehalts können alle Minzöle mittels Wasserdampfdestillation gewonnen werden. Zu den grünen Minzen gehören u.a. die Krauseminze *(var. crispa)* und Nanaminze *(var. nanah)*. Anders als die Pfefferminze enthält das Öl der grünen Minze kein Menthol, hat also keinen kühlenden Effekt. Das frische, blühende Kraut der Krauseminze gibt eine bessere Ausbeute als getrocknet, feiner wird das Öl bei Verwendung der bloßen Blätter und Stengelspitzen. Die Nanaminze ist eine marokkanische Abart der (europäischen) Krauseminze.
Spearmintöl wird am besten aus den frischen Blüten destilliert, obwohl auch das gesamte Kraut verarbeitet werden kann. Es ist z.B. in Kaugummis, Zahnpasten o.Ä. enthalten.

Die amerikanische wilde Minze *(M. arvensis villosa,* Synonym: *M. canadensis)* wird als Insektenschutzmittel verwendet und in Gärten als Streupflanze eingepflanzt, um Nagetiere fernzuhalten. Das ätherische Öl stammt aus den Blättern, es dient als Aromastoff in Zahnpasta und Ähnlichem. Pfefferminzöl der feinsten Sorte erhalten Sie, wenn während der Blütezeit nur die abgestreiften Blätter destilliert werden. Auch hier ist die Ausbeute vom frischen Kraut größer als getrocknet. Allerdings ist Öl aus getrocknetem Kraut länger haltbar, da beim Trocknen leicht klebrige flüchtige Bestandteile verharzen und somit nicht mitdestilliert werden. Erntezeit ist im September zur Mittagshitze, wenn auf den Blättern ein roter Rost sichtbar ist. Eine Pflanze kann zwar mehrere Jahre genutzt werden, jedoch liefert sie im zweiten Jahr die beste Ernte. Beim Destillieren sollten Sie darauf achten, dass die späteren Fraktionen von den ersten, die einen feineren Geruch besitzen, getrennt werden.

▲ Starres Japanisches Pfefferminzöl und nadelförmige Menthol-Kristalle

Japanisches Pfefferminzöl *(M. arvensis var piperescens)* wird hingegen üblicherweise nur aus getrocknetem Kraut destilliert. Es ist entweder schon bei Zimmertemperatur starr oder es setzen sich bei ca. 12-15 °C lange, spießige Menthol-Kristalle (Pfefferminzkampfer) ab. Dieses Öl oder das daraus gewonnene Menthol ist im bekannten Tigerbalm eingearbeitet.

Achtung: Verwenden Sie Pfefferminze nur in geringen Konzentrationen, sonst kann es zu Hautreizungen kommen.

Wirkung: lindert Kopfschmerzen sowie Atem- und Verdauungsbeschwerden, antiseptisch

Ausbeute: Minze 0,2-0,4 %;
Pfefferminze frisch 0,1-0,3 %,
getrocknet 0,5-1,5 %

Monarde

siehe Melisse

Muskatellersalbei
(Salvia sclarea)

Die zerkleinerten blühenden Krautspitzen destillieren. Wichtig ist, dass die Pflanze zuerst getrocknet wird, andernfalls entsteht ein übel riechendes Öl.

Wirkung: beruhigend, blutdrucksenkend, krampflösend, entspannend, lindert Atemwegserkrankungen

Ausbeute: 0,1-1 %

Muskatnuss *(Myristica fragrans)*	Insbesondere bei der Muskatnuss ist es wichtig, dass sie gut zerkleinert destilliert wird. Wenn Sie sie zerreiben, geben Sie einen Kaffeefilter oder ein Tuch in den Aromakorb, sonst könnten die feinen Stäube im Kessel anbrennen. Das Öl nur zur äußeren Anwendung nutzen. **Wirkung:** anregend, entspannend, mäßigt Darmprobleme **Ausbeute:** 8-15 %
Myrre *(Commiphora myrrha)*	Das Öl wird aus dem Harz des Myrrebusches durch alkoholische Extraktion gewonnen. **Wirkung:** entzündungshemmend, bessert Hämorrhoiden, verlangsamt Hautalterung **Ausbeute:** 2-10 %
Myrte *(Myrtus communis)*	Von Juni bis August die blühenden Spitzen, frischen Blätter und kleinen Äste verarbeiten. **Wirkung:** beruhigend, antiseptisch, lindert Atemwegsprobleme, klärend, hautberuhigend **Ausbeute:** 0,1-0,6 %
Narde, indischer Nardenbaldrian	siehe Baldrian
Narzisse *(Narcissus poeticus)*	Das Öl wird aus den weißen Blüten durch Enfleurage bzw. Lösemittelextraktion hergestellt. **Wirkung:** beruhigend und entspannend **Ausbeute:** 0,06-0,1 %
Nelke, Gewürznelke *(Eugenia caryophyllata, Syzygium aromaticum)*	Üblicherweise wird Nelkenöl aus den getrockneten Blütenknospen durch Wasserdampfdestillation gewonnen, die Knospen vorher zu zerkleinern oder mit dem Mörser leicht zu zerstoßen, ist nicht notwendig, sie werden durch den Dampf sehr weich und die Anlagenfüllung fällt während der Destillation in sich zusammen. Weil das Öl schwerer ist als Wasser sammelt es sich auch *unten* in der Hydrolatflasche in Form von braunen Kugeln. (Fast) farbloses Öl ist ein rektifiziertes (siehe „Fraktionierte Destillation“) Öl vom Rohprodukt. Durch den zweiten Destillationsvorgang gehen neben der Farbe aber auch einige Wirkstoffe verloren. Beim Nelkenstielöl werden nur die

◄ Gewürznelkenöl ist schwerer als Wasser, in beiden Flaschen befinden sich zusammen 8,5 ml Nelkenöl (aus 600 g getr. Nelken).

Stiele der Knospen verwendet, dieses Öl hat jedoch nicht so einen feinen Geruch wie das der Knospen. Des Weiteren können auch die Blätter und Wurzeln destilliert werden. Das Öl aus den Blättern ist weniger hautreizend als das der Knospen, wohingegen der Gehalt des Inhaltsstoffes Eugenol beim Wurzelöl höher ist als bei den Knospen. Bei den Gewürznelken gibt es zwei einfache Tests zur Überprüfung ihrer Qualität: Fühlen sich die getrockneten Blütenknospen fettig an und sondern etwas Öl ab, wenn mit dem Fingernagel gegen den Stiel gedrückt wird, sind sie von guter Qualität, d.h. sehr ölhaltig. Der Schwimmtest ist ebenfalls sehr aufschlussreich: Hochwertige Nelken sinken in Wasser oder stellen sich zumindest senkrecht mit dem Köpfchen nach oben, da das Nelkenöl schwerer ist als Wasser. Schlechte, also Nelken die nahezu kein Öl mehr enthalten, schwimmen hingegen waagerecht auf der Wasseroberfläche.
Achtung: Pures Nelkenöl nicht direkt auf die Haut auftragen, da der Inhaltsstoff Eugenol hautreizend ist.
Wirkung: anregend, durchblutungssteigernd, appetit- und verdauungsfördernd, antiseptisch, krampflösend, stimulierend, konzentrationsfördernd
Ausbeute: Knospen 16-19 %, Wurzeln 4-5 %

Neroli

siehe Bitterorange – Neroli

Nussgras (Knolliges Zypergras, Nagarmotha, Mutter Segge) *(Cyperus rotundus)*

Das natürliche Verbreitungsgebiet reicht von Europa über Afrika bis nach Ostasien, und es ist in vielen anderen Gebieten der Welt eine invasive Pflanze. Es wird als „das schlimmste Unkraut der Welt“ bezeichnet, weil es sich mit Ketten von Pflanzenknollen rasch verbreitet. Entsprechend unbeliebt ist Nussgras in Gärten und in der Landwirtschaft. In China und Indien werden die Wurzeln seit jeher in der traditionellen Medizin verwendet. Selbst bei mittelsteinzeitlichen Skeletten aus dem Sudan konnte der Verzehr dieser kohlenhydratreichen, sehr aromatischen Pflanze nachgewiesen werden (vermutlich deswegen hatten die Menschen im Niltal so außergewöhnlich wenige Löcher in ihren Zähnen). Zerkleinerte Wurzelstücke werden öfter als sehr preiswerte Verfälschung des kostbaren Adlerholzes (siehe Punkt „Adlerholz") angeboten, sie bilden auch häufig die Grundsubstanz für Räucherstäbchen. Cyperusknollen fanden selbst in der altägyptischen Parfümerie Verwendung.

Das ätherische Öl der Wurzel wird in der ayurvedischen Medizin sehr geschätzt. Außerdem wird es in Indien für Haut- und Haarpflegeprodukte und für die Parfümherstellung benutzt, vor allem für Männerparfüms. Mit dieser Duftnote sollen Männer nachhaltigen Erfolg in der Liebe erlangen. Davon abgesehen ist es ein sehr gutes Fixativ. Wegen seiner Heilwirkungen eignet sich dieses ätherische Öl ideal für Sportlermassageöle. Für die Wasserdampfdestillation können die frischen, getrockneten oder auch fermentierten Wurzeln verwendet werden.

Wirkung: lindert Verspannungen und Muskelkater, antibakteriell, antioxidativ, antidiabetisch, entzündungshemmend, stimuliert das Immunsystem, fiebersenkend, durchblutungsfördernd, schmerzstillend, hautpflegend, mildert Übelkeit, Blähungen, Bauchkrämpfe und prämenstruelles Syndrom, wurmtreibend, blutdrucksenkend, hemmt Karies, antibiotische Eigenschaften, anregend, aphrodisierend (besonders bei Frauen)

Ausbeute: 0,2-0,8 % (frische Wurzel)

Orange
(Citrus aurantium dulcis, C. sinensis, C. sinensis moro)

Für die Orange gilt das Gleiche wie für die Zitrone, eine detaillierte Beschreibung finden Sie dort. Alternativ zur Kaltpressung bzw. Destillation der frischen Schalen können Sie übrigens auch die Schalen trocknen und anschließend destillieren.

Der Orangenbaum liefert vier Ölsorten:

1. Orangenöl wird aus den Früchten bzw. Fruchtschalen kalt*gepresst*.
2. Orangenschalenöl wird aus den Schalen *destilliert*

▲ Orangenschalen grob zerkleinert (Mitte) ergeben nur Hydrolat, aber kein ätherisches Öl, das Öl entsteht nur bei fein zerkleinerten Schalen (rechts).

3. Petitgrain (siehe Bitterorange) destillativ aus Blättern, kleinen Ästen und unreifen Früchten.
4. Neroli (siehe Bitterorange) ebenfalls destillativ aus den Blüten; Erntezeit Anfang Mai. Das Hydrolat dieser Destillation nennt sich Orangenblütenwasser.

Wirkung: hautberuhigend, lindert Erkältungen, erheiternd, harmonisierend, entschlackend, gewebestärkend (z.B. bei Zellulitis)
Ausbeute: Früchte 0,4-2,5 %, Blüten 0,1 %

Oregano, Dost *(Origanum vulgare)*

Destillieren Sie die frischen oder getrockneten Blätter und Spitzen der blühenden Pflanze.
Wirkung: antiseptisch, appetitanregend, magenstärkend, durchblutungsfördernd, schweiß- und harntreibend, krampflösend, magenberuhigend
Ausbeute: 0,1-0,3 %

Oud

siehe Adlerholz

Palmarosa *(Cymbopogon martinii, Andropogon schoenanthus)*

Die frischen Halme und Blüten dieses tropischen Grases verarbeiten. Der Duft ist dem des Rosenöles ähnlich und wird daher häufig zum Verdünnen von diesem verwendet.
Wirkung: antiseptisch, hautpflegend, deodorierend
Ausbeute: 1-2 %

Palo Santo *(Bursera graveolens)*

Das Holz dieses Balsambaumes gut zerkleinern und destillieren. Palo-Santo-Stückchen zum Räuchern haben einen sehr hohen Ölgehalt.
Wirkung: wärmend, euphorisierend, keimtötend, abwehrsteigernd
Ausbeute: 0,8-2 %

Patschuli *(Pogostemon cablin, P. patchouli)*

Die schwarz-braunen Blätter und die kleinen Blüten des Patschulistrauchs trocknen und – für das typische Aroma – wie Schwarztee leicht fermentieren, anschließend destillieren.
Alle Sorten Patschuli wachsen in unseren Breiten nur als Topfpflanzen bei Temperaturen über 12 °C. Industriell wird Patschuliöl in Indien und auf Java hergestellt, wobei das javanische Öl minderwertiger ist, da das aus indischem Patschuli ein viel lieblicheres, süßeres Aroma hat. In starker Verdünnung eingesetzt, kräftigt dieses Öl den Geruch anderer Riechstoffe und hebt sie dadurch gewissermaßen hervor. Die Qualität wird bei der Lagerung im Lauf der Jahre immer besser. Patschuli ist in der klassischen Parfümerie unverzichtbar in holzigen, orientalischen Kompositionen.
Wirkung: antiseptisch, hautpflegend, entspannend, aphrodisierend
Ausbeute: 1,5-4,0 %

Petersilie *(Apium petroselinum)*

Die reifen Samen, aber auch die gut zerkleinerten blühenden Spitzen und Blätter destillieren. Die Ernte ist im September. Das aus den Wurzeln destillierte Öl besitzt einen weit weniger ausgeprägten Petersiliengeruch als das der Blätter. Petersilienöl ist schwerer als Wasser, sammelt sich also unten in der Vorlage.
Wirkung: lindert Harnwegserkrankungen
Ausbeute: Kraut 0,02-0,08 %, Samen 2,0-6,0 %

Petitgrain

siehe Bitterorange – Petitgrain

Pfeffer *(Piper nigrum)*

Die Ernte der grünen unreifen Beeren sollte am Nachmittag erfolgen. Zerstoßen Sie die frischen oder getrockneten Pfefferkörner mit dem Mörser, grob mahlen geht natürlich auch, und destillieren Sie sie anschließend. Nicht den fertig gemahlenen Pfeffer verwenden, da dieser so gut wie kein ätherisches Öl mehr enthält. Beim grünen sowie beim schwarzen Pfeffer wurden die noch unreifen Beeren getrocknet, wobei diese bei der schwarzen Variante vor dem Trocknen einige Tage fermentieren müssen. Der Duft des grünen Pfefferöles ist anfangs angenehmer und feiner als der des schwarzen Pfeffers, dieses riecht zu-

nächst fisch-ähnlich, der sehr feine Duft entwickelt sich erst nach 6 bis 12 Monaten Lagerung.
Verwenden Sie das Öl nicht im Gesicht.
Wirkung: anregend, mildert Gelenk- und Muskelschmerzen
Ausbeute: 1-2 %

Pfefferminze

siehe Minze

Piment, Nelkenpfeffer *(Pimenta officinalis)*

Die unreifen, getrockneten Früchte des Pimentbaumes zuerst mit einem Mörser zerstoßen und anschließend destillieren. Das Öl hat einen ähnlichen Geruch wie Gewürznelken und ist ebenfalls schwerer als Wasser (siehe Nelke).
Wirkung: antiseptisch, magenberuhigend, appetitanregend, lindert Rheuma und Muskelschmerzen
Ausbeute: 3-4 %

Pomeranze

siehe Bitterorange

Quendel, Feldthymian

siehe Thymian

Rainfarn *(Tanacetum vulgare)*

Das zerkleinerte, frische Kraut destillieren, sobald die Blütenköpfe vollständig ausgebildet sind.
Wirkung: krampflösend, als Insektizid verwendbar
Ausbeute: 0,2-0,3 %

Raute, Edel-, Garten-, Kreuz-, Weinraute, Totenkraut *(Ruta graveolens)*

Dieses Kraut ist eine klassische Zutat zum Grappa (Grappa di Ruta), es hat, wie das ätherische Öl, einen eigentümlich würzigen Geruch und wird in geringen Dosen als Gewürz und Parfüm verwendet. Das Öl können Sie durch Wasserdampfdestillation des gut zerkleinerten, frischen, blühenden Krautes gewinnen. Erntezeit ist Juli bis August, wie immer bei Kräutern, zur Mittagshitze.
Wie zahllose, z.T. magische Geschichten um diese Pflanze belegen, war sie bereits im Altertum sehr bekannt und wurde in der Schul- und Volksmedizin angewandt. Allerdings ist aus heutiger Sicht eine therapeutische Anwendung nicht zu empfehlen, da sowohl das Kraut wie auch das Öl toxische Nebenwirkungen haben (Reizwirkungen

auf Haut- und Schleimhäute, insbesondere bei Sonneneinstrahlung, darmreizende Wirkung, kann Fehlgeburten auslösen, beeinträchtigt die Zeugungsfähigkeit, leicht narkotisch usw.). Daher darf Rautenöl nicht mehr als 3,9%ig in Parfums oder ähnlichen Produkten enthalten sein. Ein Hauptbestandteil des Öls, das Methyl-nonylketon oder „Rautenketon“, wird als Wirkstoff in Hunde- und Katzenabschreckungsmitteln eingesetzt, weil Haustiere diesen Geruch überhaupt nicht mögen.
Wirkung: in geringen Dosen anregend und appetitanregend, gegen Kopfschmerzen, Schwindel, Koliken, Verdauungsbeschwerden, Beschwerden beim Harnlassen, erhöht die Schweißbildung
Ausbeute: 0,15-0,18 %

Ringelblume
(Calendula officinalis)

In der Naturkosmetik und Kräuterheilkunde sind Produkte der Ringelblume bzw. „Calendula“ weit verbreitet, insbesondere Körper- und Massageöle werden daraus hergestellt. Zwar wurde die Pflanze inzwischen in großen Teilen Europas und Nordamerikas eingebürgert, es wird jedoch angenommen, dass sie ursprünglich im mediterranen Raum heimisch ist. Für das Öl die Blüte der Ringelblume verwenden, sammeln Sie die noch nicht geöffneten Blütenköpfchen. Die optimale Erntezeit ist von Juni bis September.
Wirkung: krampflösend, schweißtreibend, schmerzstillend
Ausbeute: 0,1 %

Rose
(Rosa damascene, R. gallica, R. alba, R. centifolia)

Für die Rosenölherstellung kommt vor allem die Damaszener Rose in der Türkei und Bulgarien zum Einsatz sowie die Apothekerrose in Frankreich. Es eignen sich ausschließlich alte Rosensorten für die Ölherstellung, neue Sorten enthalten kein Öl mehr. Wegen der geringen Ausbeute (ca. 5.000 kg Rosenblätter ergeben 1 l Öl) muss zweimal destilliert werden. Zwar entsteht schon beim ersten Durchgang eine kleine Menge Öl, in diesem ist allerdings die chemische Zusammensetzung anders als beim zweiten Durchgang. Erst das Gemisch aus beiden Destillationen ergibt das bekannte Rosenöl bzw. -wasser. Industriell wird beim zweiten Destillationsvorgang nur das Hydrolat vom ersten Durchgang destilliert.

Bei Rosen ist der Erntezeitpunkt sehr wichtig. Die Ernte sollte um vier bis fünf Uhr früh erfolgen, zu Sonnenaufgang. Für maximale Ausbeute und Qualität sollten nur die ganzen, voll aufgeblühten Rosenblüten direkt unter dem Blütenkopf abgepflückt werden. Wenn sie bereits am Verblühen sind, ist es zu spät. Danach schnellstmöglich destillieren. Auch eine Lagerung von nur einigen Stunden kann durch die beginnende Fermentation zu erheblichen Ausbeute- und Qualitätsverlusten führen.

Getrocknet können Rosenblüten ebenfalls destilliert werden, bei richtiger Vorgehensweise beim Trocknen bildet sich sogar ätherisches Öl, weil getrocknet viel mehr Blüten in die Anlage passen als frisch. Eine Blüte ist getrocknet etwa nur noch so groß wie ein Daumennagel. Wurden die Blüten zu schnell bzw. zu warm getrocknet, entsteht zumindest ein gut riechendes Rosenwasser, sprich Hydrolat. Getrocknete Rosenblüten sind zwar auch in Kräuterhandlungen erhältlich, jedoch sind dies meist geschlossene Blüten, siehe Bild. Dass diese kein ätherisches Öl enthalten, ist bereits am Geruch erkennbar, sie riechen nach Heu bzw. undefinierbar nach getrockneten Kräutern, im Gegensatz zu Blüten die erst nach dem Aufblühen getrocknet wurden, welche zumindest schwach nach Rosen duften.

Wirkung: für alle Hauttypen geeignet, entzündungshemmend, antidepressiv, aphrodisierend, reinigend, stärkend, unterstützt die Geburt, für die Babypflege einsetzbar

Ausbeute: 0,02-0,03 %

▼ Frisch aufgeblühte Damaszener Rose

▲ Durchs Trocknen werden die rosa Blütenblätter violett, eine getrocknete Blüte ist etwa so groß wie ein Daumennagel. Blüten, die nach dem Aufblühen getrocknet wurden (links im Bild), duften ein wenig nach Rose, nicht jedoch die geschlossenen Blüten (rechts im Bild).

Rosenholz
(Aniba rosaeodora)

Vom Rosenholzbaum werden die Äste und Blätter gut zerkleinert und destilliert. Das Öl nur zum externen Gebrauch verwenden.
Wirkung: antibakteriell, entspannend, hautpflegend, verringert Unruhe und Erschöpfung
Ausbeute: 0,8-1,2 %

Rosmarin
(Rosmarinus officinalis)

Destillieren Sie die zerkleinerten Blätter, dünnen Äste und Blütenspitzen (beachten Sie bitte den Hinweis auf S. 66). Die Erntezeit ist von Mai bis August. Das Kraut kann sowohl frisch als auch getrocknet verarbeitet werden.
Wirkung: kreislaufstärkend, nervenberuhigend, blutdrucksteigernd, mildert Erschöpfung, gehirnanregend, lindert Beschwerden der Atemwege, Kräftigungsmittel für Haut und Haar (intensiviert das Wachstum)
Ausbeute: 1-2 %

Salbei
(Salvia officinalis)

Zur Destillation eignen sich auch hier sowohl die frischen als auch die getrockneten Blätter. Geerntet wird im Juli oder August, wenn der Salbei blüht.
Wirkung: tönt Haare dunkel, entzündungshemmend, schmerzstillend, krampflösend, blutdrucksenkend, blutreinigend, schweißhemmend
Ausbeute: 1,5-2,5 %

Sandelholz, Amyris
(Santalum album, Amyris balsamifera)

Die Äste bzw. das gelbe Holz gut zerkleinern und destillieren. Der Baum sollte vor der Ernte mindestens 40 Jahre alt sein. Amyris ist eine westindische Abart des ostindischen Sandelholzöls, jedoch von weit geringerer Qualität.
Wirkung: hautpflegend, lindert Atembeschwerden, antidepressiv, antiseptisch, krampflösend, entzündungshemmend, beruhigend
Ausbeute: 3-5 %

Schafgarbe
(Achillea millefolium)

Diese Pflanze eignet sich sehr gut für einen ersten Versuch, denn sie wächst fast überall. Destillieren Sie die zerkleinerten Blütendolden. Geerntet wird am besten Anfang Juli bis Mitte September, an einem sonnigen Tag. Wegen des

Inhaltsstoffs Chamazulen ist dieses Öl, wie das Kamillenöl, welches ebenfalls diese Substanzen enthält, dunkelblau.
Wirkung: durchblutungsfördernd, entzündungshemmend, anregend, krampflösend
Ausbeute: 0,2-0,5 %

Sellerie
(Apium graveolens)

Die im September geernteten Samen, Blätter und dünnen Äste werden zum Destillieren verwendet. Die Samen mit einem Mörser leicht zerstoßen. Falls Sie das Kraut verwenden, bearbeiten Sie es vorher mit dem Küchenzerkleinerer. Das aus den Samen gewonnene Öl riecht weniger fein als das aus den Blättern.
Wirkung: blutreinigend, lindert Gicht und Harnwegserkrankungen,
Ausbeute: Kraut 0,05-0,1 %, Samen 2,5-3,0 %

Senf
(Brassica nigra, B. juncea)

Das ätherische Öl kann sowohl aus dem schwarzen Senf *(Brassica nigra)* als auch aus dem braunen Senf *(Brassica juncea)* gewonnen werden. Dazu das fette Öl aus den Senfsamen pressen, den Pressrückstand mit Wasser übergießen und einige Tage stehen lassen. Das ätherische Senföl und der typische scharfe Senfgeschmack entstehen erst durch die Einwirkung von Wasser. Das überschüssige Wasser mit frischem Wasser auffüllen, sodass sich je kg Senfmehl ca. 1 Liter Wasser ergibt. Dieses Wasser in den unteren Teil der Destille geben, darüber das abgetropfte Senfmehl und anschließend destillieren. Senföl ist schwerer als Wasser (Dichte 1,01-1,04 kg/l), sammelt sich also unten in der Hydrolatflasche. In Alkohol aufgelöstes Senföl nennt sich Senfspiritus, er wird nur medizinisch verwendet.
ACHTUNG: Senföl hat einen äußerst scharfen, die Augen zu Tränen reizenden Geruch, auf der Haut erregt es Brennen, Rötung und Blasen.
Wirkung: nicht für die Aromatherapie geeignet, medizinisches Hautreizmittel bei rheumatischen Beschwerden und Gelenkserkrankungen, wirkt antimikrobiell und fungizid bei Erkrankungen der Atemwege
Ausbeute: 0,5-1,0 %

Speik, Speick

siehe Baldrian

Speiklavendel siehe Lavendel

Strohblume, Immortelle *(Helichrysum italicum)*

Von dieser wild wachsenden Blume können Sie für die Ölherstellung die Blüten oder das zerkleinerte, ganze, blühende Kraut verarbeiten.
Wirkung: entzündungshemmend, gewebestraffend, entgiftend, befreiend bei Venenproblemen
Ausbeute: 1-1,3 %

Styraxbaum siehe Benzoe

Tagetes, Gewürztagetes *(Tagetes patula, T. tenuifolia)*

Die Studentenblume *(Tagetes patula)* ist die bekannteste Art der Gattung Tagetes. Diese gelben oder orangen Blumen sind in nahezu jedem Garten zu finden und werden meistens als Begrenzung für Kräuterbeete eingepflanzt. Heimisch ist die Gattung mit rund 50 bis 60 Arten in Mexiko, Mittel- und Südamerika, wurde inzwischen jedoch nahezu weltweit eingebürgert.
Neue Arten und Hybriden enthalten leider kein ätherisches Öl, weil der strenge Duft unerwünscht ist, obwohl dadurch Ungeziefer wie beispielsweise die Mottenschildlaus (Gewächshaus-Weiße Fliege) sehr effektiv abgewehrt werden. Wie auch immer, um ätherisches Öl aus der originalen *T. patula* zu erhalten, vor dem Destillieren die gesamte, blühende Pflanze fein häckseln. Das berühmte Attar-Genda-Parfüm ist eine Mischung aus Tagetesöl und indischem Sandelholzöl.
Die Gewürztagetes *(T. tenuifolia)* mit ihren typischen kleinen Blüten ergibt ein schönes tiefrotes, herb-würziges ätherisches Öl (siehe Bild auf S. 35). Ebenfalls die gesamte Pflanze während des Blühens bzw. kurz nach der Blüte fein häckseln und danach destillieren.
Wirkung: antiseptisch, beruhigend, Antipilzmittel (z.B. zur Behandlung von Kandidose)
Ausbeute: 0,1-1,0 %

▲ Gewürztagetes mit den typischen kleinen Blüten

Tanne, Douglasie siehe Fichte

Teebaum *(Melaleuca alternifolia)*

Zur Destillation werden vom Teebaum nur die Blätter und dünnen Äste verwendet. Angeblich ist Teebaumöl nur so kurz haltbar, dass es nur innerhalb Australiens sinnvoll für therapeutische Zwecke angewandt werden kann.
Teebaumöl sollte vor dem Auftragen auf die Haut mit einem Trägeröl (siehe Kapitel 5) verdünnt werden, andernfalls kann es zu Hautirritationen kommen.
Wirkung: keimtötend bei Wunden und Erkältungen, schmerzlindernd, stärkend
Ausbeute: 1-2 %

Thuja *(Thuja occidentalis, T. plicata)*

Die Thuja oder der Lebensbaum ist als Hecke in fast allen Gärten zu finden. Destillieren Sie die gut zerkleinerten, dünnen, feinen Astspitzen. Auf diese Weise kann Ihr Gartenabfall sinnvoll verwertet werden, und auch Ihr Nachbar wird sich sicher freuen, wenn Sie seine Thujenhecke auf Ihrer Seite ein wenig zurechtstutzen. Verwerten Sie die dünnen Äste und Blätter zwischen Mai und Oktober. Thujenöl duftet sehr erfrischend. Das Öl sollte nur äußerlich angewendet werden, da es ca. 50-60 % Thujon enthält.
Wirkung: hervorragend gegen Warzen
Ausbeute: 1-1,6 %

Thujon

siehe Wermut

Thymian, Quendel (Feldthymian) *(Thymus vulgaris, T. officinalis, T. serpyllum)*

Bei Thymian *(Thymus vulgaris, T. officinalis)* werden die blühenden Spitzen im Hochsommer geerntet, zerkleinert und direkt destilliert. Sie können sie auch problemlos trocknen. Interessant ist, dass je nach verwendeter Anlage zwei unterschiedliche Ölfarben entstehen: Bei einer Kupferdestille wird das Öl rot, bei einer Edelstahldestille weiß. Quendelöl *(T. serpyllum)* wird üblicherweise durch Destillation des gesamten, frischen, blühenden Krautes gewonnen, das getrocknete Kraut kann jedoch auch sehr gut verarbeitet werden.
Wirkung: Thymian: beruhigend, entwässernd, verdauungsfördernd, fiebersenkend, appetitanregend, durchblutungsfördernd, nervenstärkend, aufbauend, verbessert Wundheilung und Atemwegserkrankungen. Quendel: husten- und schmerzlindernd, verdauungsfördernd, anti-

septisch bei Magen- und Darmerkrankungen, äußerlich bei Rheumatismus, schlechtem Schlaf, Kopfschmerzen
Ausbeute: Thymian: 0,7-5 %, Quendel: 0,4-0,6 %

Tuberose, Nachthyazinthe *(Polianthes tuberosa)*

Da die weißen Tuberoseblüten vor allem abends und nachts duften, wird dieses Pflanze auch Nachthyazinthe genannt. Das Öl aus diesen Blüten ist eines der kostbarsten und wird durch Enfleurage bzw. Lösemittelextraktion gewonnen.
Wirkung: entspannend, sinnlich, aphrodisierend
Ausbeute: 0,05-0,1 %

Veilchen *(Viola odorata)*

Sammeln Sie die Blätter der Veilchen zwischen März und April. Die Ölgewinnung erfolgt durch Lösemittelextraktion bzw. Enfleurage.
Wirkung: lindert Nervosität und Schlaflosigkeit sowie Kopfschmerzen, nervenstärkend
Ausbeute: 0,04 %

Vetiver *(Vetiveria zizanioides, Andropogon muricatus)*

Diese Pflanze gehört zur Art des Zitronengrases, allerdings werden nicht die Gräser selbst, sondern die Wurzeln getrocknet und destilliert. Die Wurzeln sollten vorher fermentiert werden.
Wirkung: nervenstärkend, hautpflegend, entspannend, durchblutungsfördernd, schweißtreibend
Ausbeute: 0,4-0,9 %

Wacholder *(Juniperus communis)*

▲ Ast eines wilden Wacholderstrauches

Wacholderöl kann entweder aus frischen, teilweise oder ganz getrockneten (ergibt ein etwas anderes Aroma) Beeren gewonnen werden. Die Früchte vor dem Destillieren schroten bzw. zerstoßen (siehe Bild S. 61). Auch die dünnen Äste des Wacholderbaumes eignen sich für die Destillation. Die Äste werden im Frühjahr gesammelt, die Beeren im Herbst.
Wirkung: harntreibend, appetitanregend, blutreinigend, lindert Magen- und Darmbeschwerden, blutzuckerspiegelsenkend, belebend, anregend, desinfiszierend, zellulitishemmend, krampflösend
Ausbeute: 0,8-1,5 % (Beeren)

Weihrauch *(Boswellia carterii, B. serrata)*

Das Öl stammt aus dem Harz, das der kleine Baum absondert. Industriell wird es durch Lösemittelextraktion und Resinoid-Verfahren gewonnen. Es darf nur äußerlich angewendet werden. Wird das Harz jedoch wie beschrieben mit Buchenholzspänen vermischt, gelingt auch die Wasserdampfdestillation problemlos.
Wirkung: vertieft die Atmung, antidepressiv, hautpflegend
Ausbeute: 5-9 % (Extraktion), 4% (Destillation)

Weinraute

siehe Raute

Wermut, Beifuß, wilder Wermut *(Artemisia absinthium, A. vulgaris, Absinthii herba)*

Vom Wermut *(Artemisia absinthium* oder *Absinthii herba)* die zerkleinerten, blühenden Zweigspitzen destillieren. Üblicherweise wird das frische Kraut verwendet, getrocknet kann es jedoch auch destilliert werden. Das Öl hat eine dunkle, blaugrüne Farbe. Es besteht zu einem Großteil aus Thujon, dem Wirkstoff des Absinths. Wegen dieser Substanz war Absinth in vielen Ländern jahrzehntelang verboten. Der Verkauf ist in der EU seit einigen Jahren jedoch wieder erlaubt, wenn ein bestimmter Thujongehalt nicht überschritten wird. In hohen Dosen ist Thujon ein Nervengift und erzeugt angeblich rauschähnliche Zustände.
Vom Beifuß bzw. wilden Wermut *(Artemisia vulgaris)* ernten Sie die dünnen Äste samt Blättern und Blüten im August, die Wurzeln im Herbst. Sie sollten die Wurzeln schnell trocknen, um Ausbeuteverluste zu vermeiden.
Wirkung: Wermut: lindert Magenprobleme, appetitanregend. Beifuß: schmerzlindernd bei Verkrampfungen und Menstruationsbeschwerden, harntreibend
Ausbeute: Wermut: 0,2-0,4 %, Beifuß: Blätter 0,03-0,2 %, Wurzel 0,05-0,1 %

Wiesenbärenklau *(Heracleum sphondylium)*

Der Bärenklau wird auch als „Ginseng der Europäer“ bezeichnet. In Asien verkauft man ihn auf Märkten als Aphrodisiakum. Verwendet werden die Blattstängel und Blüten oder die Samen. Die grünen Samen haben einen starken Limettenduft.
Wirkung: verdauungsanregend, blutdrucksenkend, aphrodisierend
Ausbeute: 0,1-0,5 %

Ylang-Ylang, Cananga *(Cananga odorata)*

Ylang-Ylang- und Canangaöle gewinnt man durch Destillation der frischen gelben Blüten aus zwei Subspezies des mit den Anemonen verwandten westpazifischen Ylang-Ylang- oder Cananga-Baumes. Die Blüten werden früh am Morgen geschnitten. In der Aromatherapie wird immer das gesamte Ylang-Ylang-Öl verwendet. Das Öl mit seinem jasminartigen Geruch duftet blumig süß und verleiht somit vielen Parfüms eine warme Note.

Für andere Produkte nutzt man auch die fraktionierte Destillation, um die unterschiedlichen Qualitäten zu erhalten. Die Komponenten werden in der Reihenfolge ihrer Wasserdampfflüchtigkeit aus dem Pflanzenmaterial abgetrennt. Durch Fraktionierung und/oder Variation der Destillationsdauer können daher begehrte Komponenten angereichert werden. Bei der Destillation werden vier Fraktionen abgetrennt, die als „Extra“, „I“, „II“ und „III“ bezeichnet werden. Es handelt sich dabei um blassgelbe bis tiefgelbe Flüssigkeiten mit einem charakteristischen, blumig würzigen, balsamischen Geruch. Die Zusammensetzung der Fraktionen hängt von der Destillationsdauer ab. Die ersten beiden Fraktionen sind die wertvollsten, wobei die „Extra“-Fraktion den höchsten Gehalt an stark geruchsintensiven Komponenten hat. Ylang-Ylang „Extra“ und „I“ werden hauptsächlich in feinen Duftkompositionen eingesetzt, während Ylang-Ylang „II“ und „III“ zur Parfümierung von Seifen verwendet werden.

In Hinblick auf die bei Ylang-Ylang übliche Destillationsmethode wundert es nicht, dass im Handel unterschiedliche Öl-Qualitäten erhältlich sind. Bei einer Destillationsdauer von ein bis zwei Tagen mit 300- bis 500-Liter-Anlagen wird das Hydrolat mittels eines Überlaufrohres kontinuierlich in den Kessel zurückgeführt, wodurch dieses während der Destillation zwangsläufig zerkocht und immer übler riecht. Wenn Sie Ylang-Ylang-Blüten jedoch genau so destillieren wie ab Seite 65 beschrieben, erhalten Sie die höchste Ölqualität, auch in der dritten Hydrolat-Flasche.

Wirkung: blutdrucksenkend, beruhigend, verlangsamt den Herzschlag, aphrodisierend, hautklärend (fettige Haut)

Ausbeute: 1,5-2,5 %

Ysop
(Hyssopus officinalis)

Das zerkleinerte, blühende Kraut, geerntet in der späten Blühphase, destillieren. Ysop wird meist getrocknet verarbeitet. Die Erntezeit ist im Sommer. Nur äußerlich anwenden.
Wirkung: kreislaufregulierend, unterstützt bei Verkühlungen, beruhigend
Ausbeute: 0,3-0,9 %

Zeder
(Cedrus atlantica, C. brevifolia, C. deodara, Juniperus virginiana)

Wichtig ist es zwischen den Cedrus-Arten (Atlas-, Himalaya- bzw. Zypern-Zeder) und der nordamerikanischen Wacholderart, der Virginischen Zeder *(J. virginiana)* zu unterscheiden. Die unten beschriebenen Wirkungen sind nur bei den Cedrus-Arten gegeben, die Virginische Zeder ist sehr stark giftig. Hiervon beträgt die tödliche Dosis nur 6 Tropfen! Leider werden in der Literatur beide Gattungen sehr oft nicht unterschieden, sodass im Allgemeinen vor Zedernöl bzw. Zedernblätteröl gewarnt wird, weil bereits viele Vergiftungsfälle aufgetreten sind. Echtes Zedernöl ist jedoch vergleichsweise harmlos und kann durchaus therapeutisch angewandt werden.
Für die Ölherstellung destillieren Sie das so gut wie möglich zerkleinerte Zedernholz. Auch die Nadeln können destilliert werden, dieses Öl hat jedoch einen anderen Geruch als das aus dem Holz gewonnene. Im Handel werden leider meist verfälschte Zedernöle angeboten, welche aus der Virginischen Zeder, statt aus den Cedrus-Arten, stammen. Daher wirkt echtes Zedernöl auch nicht abtreibend, wie oft warnend angegeben ist. Eine weitere Fälschung ist in Wirklichkeit Thujenöl, welches oft auch als Zedernblätteröl angeboten wird. Thujenöl ist wegen seines hohen Thujon-Gehaltes giftig, Zedernöl hingegen enthält gar kein Thujon.
Wirkung: antiseptisch, schleimlösend, regenerierend, kraft- und klarheitspendend, lindert Atemwegserkrankungen, stressmildernd
Ausbeute: 2,5-4,5 %

Zimt
(Cinnamomum zeylanicum, C. cassia)

Sie können das Öl aus der getrockneten Zimtrinde *(C. zeylanicum* und *C. cassia)* herstellen oder aus den Zweigen, Blättern und Blüten *(C. zeylanicum)*. Zimtrinden sind hier zu Lande leichter erhältlich. Zerkleinern Sie die Rinden

gut vor der Destillation: am besten in ein Tuch wickeln und mit einem Hammer daraufschlagen. Sie werden beobachten, dass das Zimtöl als eines der wenigen Öle schwerer als Wasser ist, sich in der Vorlage also unten sammelt (siehe Bild S. 74). Wie bei allen Drogen beeinflusst auch hier die Qualität des Rohstoffes die Ausbeute. Wir haben einmal aus Bequemlichkeit die Zimtrinden in einem Lebensmittelgroßmarkt statt wie sonst beim Gewürzhändler gekauft. Der Preis je kg war in beiden Fällen gleich, die Ausbeute betrug allerdings nur ein Drittel! So gesehen ist die Destillation ein sehr effektives Instrument zur Qualitätskontrolle von ölhaltigen Produkten. Zimtöl darf niemals innerlich angewendet werden.
Wirkung: Rinde antiseptisch, durchblutungsfördernd, kreislaufanregend; Blätter usw. sehr hautverträglich, entspannend, entkrampfend
Ausbeute: Rinde 0,5-0,8 %, Blätter 1-1,5 %

Zirbelkiefer, Zirbe

siehe Fichte

Zitrone
(Citrus medica, C. limonum)

Die klassische Herstellungsmethode bei Zitrone ist, wie bei allen anderen Zitrusfrüchten, die Kaltpressung. Aber auch mit der Wasserdampfdestillation kann man hervorragende Ergebnisse erzielen. So wird in einigen Regionen Südeuropas der Pressrückstand destilliert und das Destillat dem gepressten Öl untergemischt. Selten kommen reine destillierte Zitrusöle in den Handel, diese werden dann als Zitrusschalenöle bezeichnet, z.B. Zitronenschalenöl.
Für die Destillation die Zitronen mit einer Zitruspresse ausdrücken und die verbleibenden Schalen zuerst mit der Schere zerkleinern und danach mit dem Küchenzerkleinerer häckseln (der richtige Zerkleinerungsgrad ist im Bild unter „Orange“ ersichtlich), anschließend destillieren. Wie beschrieben bei der Destillation von Zitrusschalen, Antischaum nicht vergessen, um zu vermeiden, dass der Inhalt überkocht. Für eine höhere Ausbeute schälen Sie die Früchte mit einem Kartoffelschäler und geben nur die zerkleinerten dünnen (gelben) Zitronenschalen in die Destille (siehe S. 59).

Beachten Sie bei Zitronen, dass die Ausbeute davon abhängt, ob die Früchte reif geerntet wurden oder nicht. Wenn die Früchte nach der Ernte nachreifen müssen, wird die Ausbeute sehr gering sein. Versuchen Sie, unbehandelte Früchte zu bekommen, da viele Zitronen mit Wachs behandelt wurden. Ist dies nicht möglich, die Schalen gut mit Spülmittel und einer Bürste abreiben. Auf diese Art sollten kaum Verunreinigungen in Ihr Öl gelangen.
Verwenden Sie kaltgepresstes Zitrusöl nicht vor einem Sonnenbad.
Wirkung: kreislaufregulierend, lindert Arthritis und Rheuma sowie Venenleiden, anregend, stärkend, durchblutungsfördernd, stoffwechselanregend, mückenabwehrend
Ausbeute: 0,03 - 1,4 %

▲ Getrocknetes Zitronengras

Zitronengras *(Cymbopogon citratus, C. winterianus, C. nardus)*

Es können sowohl die frischen als auch die getrockneten Zitronengrashalme destilliert werden. Die Pflanze gedeiht auch in unseren Breitengraden ausgezeichnet. Das Öl nicht vor dem Sonnenbad verwenden.
Wirkung: schmerzlindernd, stimulierend, durchblutungsfördernd, antiseptisch, bessert Hautleiden, blutreinigend
Ausbeute: 0,4 - 3 %

Zitronenmelisse

siehe Melisse

Zitronenverbene *(Lippia citriodora, Aloysia citriodora)*

Die zerkleinerten frischen oder getrockneten Blätter und dünnen Stängel destillieren. Im Handel wird Zitronenverbenenöl meistens falsch als (Echtes) Eisenkrautöl deklariert (siehe „Eisenkraut“), wahrscheinlich, weil der lateinische Name von Eisenkraut *Verbena officinalis* lautet. Dass der Ölgehalt von Eisenkraut um ein Vielfaches geringer ist als von Zitronenverbene, wird sicher auch ein Grund dafür sein. Jedenfalls handelt es sich hierbei um eine komplett andere Pflanze, sowohl vom Aussehen her als auch von der Wirkung. Die Unterscheidung ist sehr einfach: Im Gegensatz zum Eisenkrautöl duftet Zitronenverbenenöl deutlich nach Zitrone.
Wirkung: krampflösend, verdauungs- und durchblutungsfördernd
Ausbeute: 0,1 - 0,3 %

Zypergras siehe Nussgras

Zypresse *(Cupressus sempervirens)*

Sie können sowohl die gut zerkleinerten dünnen Zweige mit den Nadeln als auch die Früchte (Zapfen) und die Blüten verwenden.
Wirkung: hormonausgleichend (Wechseljahre), beruhigt Hämorrhoiden und Krampfadern, blutstillend, beruhigend, zellulitishemmend
Ausbeute: 0,9-1,4 %

▼ Eine kleine Auswahl selbst destillierter ätherischer Öle

Überblick: Pflanzen und ihre Wirkung

Zum Abschluss noch einmal alle Wirkungen und Pflanzen im Überblick. Bitte denken Sie daran, dass Sie vor der Einnahme unverdünnter ätherischer Öle oder Hydrolate einen Arzt oder Therapeuten konsultieren sollten, da die Wirkstoffe in dieser hohen Konzentration z. T. starke Gifte sind. Dasselbe gilt für die angemessene Konzentration und Anwendung bei Duftlampen, Wickeln, Massageölen, Aromabädern, Dampfbädern, Inhalationen usw.

◄ Welche Pflanze hilft bei welchen Beschwerden?

Beschwerden	Pflanze
Akne	Kamille, Lavendel, Myrre, Pfefferminze, Thymian, Wacholder, Zitrone
Angstzustände	Geranie, Kamille, Majoran, Melisse, Orange, Rose, Wacholder
Bronchitis	Eukalyptus, Kamille, Myrte, Pfefferminze, Rosmarin, Thymian
Depression	Basilikum, Geranie, Jasmin, Kamille, Lavendel, Melisse, Rose
Durchfall	Eukalyptus, Geranie, Kamille, Lavendel, Oregano, Pfefferminze, Rosmarin
Erschöpfung	Kampfer, Minze, Rosmarin, Wacholder, Zypresse
Haarausfall	Birke, Rosmarin, Thymian
Hoher Blutdruck	Lavendel, Majoran, Melisse, Orange, Ylang-Ylang
Insektenstiche	Lavendel, Teebaum
Konzentrationsschwäche	Basilikum, Geranie, Lorbeer, Majoran, Minze, Rosmarin, Tanne, Thymian, Wacholder, Zitrone, Zypresse

Kopfschmerzen	Kamille, Lavendel, Pfefferminze, Rose, Rosmarin
Magenbeschwerden	Basilikum, Fenchel, Geranie, Ingwer, Kamille, Lavendel, Melisse, Salbei
Menstruationsprobleme	Jasmin, Kamille, Lavendel, Melisse, Majoran, Rose, Salbei, Wacholder
Nervosität	Jasmin, Kamille, Lavendel, Melisse, Rose, Salbei
Niedriger Blutdruck	Eukalyptus, Pfefferminze, Rosmarin, Salbei, Thymian, Wacholder, Ysop
Rheuma	Eukalyptus, Fichte, Kamille, Lavendel, Majoran, Rosmarin, Thymian, Wacholder
Schlafbeschwerden	Jasmin, Kamille, Lavendel, Majoran, Rose, Zirbe
Stress	Basilikum, Geranie, Lavendel, Teebaum
Verdauungsbeschwerden	Anis, Basilikum, Fenchel, Ingwer, Kamille, Koriander, Lavendel, Lorbeer, Melisse, Nelke, Pfefferminze
Zellulite	Geranie, Minze, Myrte, Orange, Oregano, Rose, Rosmarin, Salbei, Wacholder, Zitrone

Kapitel 5

Anwendung der Öle & Hydrolate

Nachdem Sie nun mit der Herstellung vetraut sind, möchten wir Ihnen in diesem Kapitel die Grundrezepte für die Anwendung der selbst gemachten ätherischen Öle und Hydrolate vorstellen.

Bei den Rezepten wurde die Dosierung der ätherischen Öle so angegeben, dass sich kein dominanter Duft in den Produkten ergibt. Die Menge des zugegebenen Öles kann natürlich entsprechend Ihrer persönlichen Vorliebe erhöht oder reduziert werden. Es ist auch möglich, statt einem einzelnen ätherischen Öl verschiedene Öle zu mischen – das ist ganz Ihrer Fantasie überlassen.

Bevor wir im Einzelnen auf die Rezepte eingehen, gibt Ihnen die Übersicht auf der folgenden Seite schon einmal einen Anhaltspunkt, welche Öle bzw. Hydrolate sich für welche Produkte besonders gut eignen. Gleichzeitig dient die Tabelle als spätere Grundlage für die Rezepte. Hier können Sie immer wieder nachschauen und die passenden Öle oder Hydrolate auswählen.

Ehe wir jedoch zu den einzelnen Rezepten kommen, bedürfen diese noch einiger Erläuterungen.

◄ Zutaten für eine Duftseife: Wasser, neutrales Trägeröl, (Distelöl), Bienenwachs, ätherisches Öl (Anis) und parfumfreie Seifenflocken. Rezeptur siehe Seite 159.

► Welches Öl oder Hydrolat eignet sich für welches Produkt?

Produkt	**Pflanze**
Badezusatz	Beifuß, Jasmin, Lavendel, Minze, Rose, Ringelblume, Rosmarin, Schafgarbe
Duftlampe	Fichte, Grapefruit, Latsche, Orange, Tanne, Zirbe, Zitrone
Fußbad	Beifuß, Rosmarin, Salbei, Zitrone, Zypresse
Hautcremes, Lotionen, Massageöle, Gesichtswasser	Angelika, Arnika, Bergamotte, Fenchel, Geranie, Jasmin, Johanniskraut, Kamille, Koriander, Lavendel, Neroli, Orange, Ringelblume, Rose, Rosmarin, Schafgarbe, Teebaum, Thymian, Veilchen, Ylang-Ylang, Zitrone
Haarkosmetik	Bergamotte, Birke, Citronella, Kamille, Lavendel, Rosenholz, Rosmarin, Salbei, Thymian, Zeder, Zitrone
Kompressen	Lavendel, Orange, Rose
Parfüm	Basilikum, Geranie, Gewürzöle, Ingwer, Jasmin, Magnolie, Nadelöle, Neroli, Patschuli, Rose, Rosenholz, Rosmarin, Sandelholz, Veilchen, Zimt, Zitronenmelisse
Saunaaufguss	Cajeput, Eisenkraut, Eukalyptus, Fichten, Kiefer, Melisse, Minze, Myrte, Neroli, Petitgrain, Pfefferminze, Rosmarin, Tanne, Teebaum, Wacholder, Zeder, Zedernholz, Zitrone, Zypresse
Seife	Lavendel, Minze, Rose, Ringelblume, Rosmarin, Thymian, Veilchen

Hinweis:
Geben Sie einen Tropfen ätherisches Öl auf den Handrücken oder den Innenarm. Treten nach kurzer Zeit Irritationen auf, so sollten Sie auf diese Ölsorte verzichten.

Hinweis:
Stellen Sie alle Produkte nur in den Mengen her, die Sie benötigen. Sobald das ätherische Öl verdünnt ist, kann es bereits nach drei Monaten ranzig werden.

Grundsubstanzen und Materialien

In vielen Rezepten wird mit einem neutralen Trägeröl gearbeitet. Achten Sie beim Kauf darauf, dass Sie tatsächlich ein Naturprodukt bekommen. Als Trägeröle kommen folgende, milde Pflanzenöle in Frage:

Hinweis: *Alle Trägeröle sind mit allen ätherischen Ölen kombinierbar.*

Avocadoöl: wird gut von der Haut aufgenommen und hinterlässt keinen Fettfilm, hat nährende Wirkung (für trockene und reife Haut), enthält Vitamine und Lecithin

Jojobaöl: pflegt, schützt und reguliert den Feuchtigkeitshaushalt der Haut; enthält Vitamin E, fettet nicht, daher für Gesichtspflege geeignet; hat einen natürlichen Sonnenschutzfaktor von drei bis vier; fixiert ätherische Öle, eignet sich somit auch für die Parfümherstellung; hält zwei bis drei Jahre; neutraler Geruch

Macadamiaöl: pflegt, glättet und nährt, hat einen natürlichen Sonnenschutzfaktor von drei bis vier, enthält Vitamine (A, B, C, D und E) und Mineralien, leicht nussiger Geruch

Maiskeimöl: besonders für reife Haut geeignet, fördert die Regeneration der Haut, da Vitamin A enthalten ist

Mandelöl: Klassiker für Massagen, für jeden Hauttyp, leicht und mild, ausgezeichnet bei trockener Haut und Falten, nur zwei Monate haltbar

Olivenöl: eignet sich vor allem für die Fuß- und Nagelpflege, starker Eigengeruch

Sesamöl: heilend, entgiftend und wärmend, enthält hohen Anteil an essenziellen Fettsäuren, verhindert Oxidationen und absorbiert UV-Strahlung (guter Sonnenschutz)

Sojaöl: sehr fett und nährstoffreich

Sonnenblumenöl: eignet sich bei unreiner und fetter Haut

Walnussöl: für jeden Hauttyp

Weizenkeimöl: wirkt aufbauend und regenerierend, steigert die Heilkraft, enthält Vitamine, Lecithin, Enzyme und Linolsäure, verlängert die Haltbarkeit, relativ starker Eigengeruch, wird meist nur zur Anreicherung anderer Trägeröle verwendet

Zusatzprodukte

Außerdem sind in den Rezepten folgende Zusatzprodukte angegeben:

Alkohol: Verwenden Sie den unvergällten, hochprozentigen (>80%vol) Alkohol aus der Apotheke. Er sollte unbedingt unvergällt sein, da Sie sich sonst das Gift, welches den Spiritus ungenießbar macht, auf die Haut auftragen; abgesehen vom penetranten Eigengeruch. In der Parfümindustrie wird zum Vergällen von Alkohol eine Substanz verwendet, auf die viele Menschen allergisch reagieren. Nach unserer bisherigen Erfahrung hat jeder, der auf herkömmliche Parfüms allergisch reagiert, keine Reaktion auf selbst hergestellte Produkte gezeigt. Aber natürlich ist dies keine wissenschaftlich fundierte Feldstudie. Wenn Sie sich ein wenig für das Schnapsbrennen interessieren, ist es gar nicht so schwer, sich diese Grundsubstanz selbst herzustellen.

Bienenwachs: aus den Waben der Bienenstöcke, festigt die Creme

Lanolin (Wollwachs): wird aus der Schafwolle gewonnen, dient zum Vermischen von Wasser und Öl (= Emulgator)

Schmierseife (Silberseife, weiße Schmierseife): ist die waschaktive Substanz z.B. im Duschgel, man bekommt sie in Apotheken, Drogerien und Reformhäusern, es handelt sich dabei um eine zähe Paste

Seifenflocken: Sie können entweder parfümfreie Seife aufreiben oder sich fertige Seifenflocken aus dem Reformhaus besorgen.

Hydrolat

Häufig ist in den Rezepten die Zugabe von Hydrolat empfohlen. Insbesondere bei folgenden Arten: Cistrosen, Eukalyptus, Fenchel, Kamille, Lavendel, Melisse, Minze, Myrte, Orangenblüte, Pfefferminz, Rose, Rosmarin, Salbei, Sandelholz, Teebaum, Thymian, Verbene, Zypresse.

In den folgenden Rezepten können Sie das Hydrolat auch als Wasserersatz verwenden. Kochen Sie das Hydrolat aber nicht auf, denn dieser Vorgang könnte die Inhaltsstoffe zerkochen und daher zu einer unangenehmen Geruchsbildung führen.

Wie bereits erwähnt, sind selbst hergestellte Hydrolate viel intensiver als gekaufte „Wässer“. Aus Neugier haben wir einmal Rosengeranien-Hydrolat gekauft, wir konnten kaum einen Geruch feststellen. Diese klare, farblose, nahezu geruchlose Flüssigkeit war mit unserem selbst destillierten Hydrolat nicht vergleichbar. Grob geschätzt war das gekaufte Produkt ca. 1 zu 20 verdünnt (oder falsch destilliert).

Hydrolat ausschütteln

Nehmen Sie zu gleichen Teilen das Hydrolat und ein neutrales Trägeröl. Schütteln Sie in einem Scheidetrichter (siehe S. 76 f.) beides gut durch und lassen Sie die Mischung anschließend ca. 10 bis 20 Minuten stehen. Wiederholen Sie das Schütteln und anschließende Warten dreibis viermal. Danach können Sie die wässrige Phase mit dem Ablaufhahn trennen. Das Trägeröl hat das ätherische Öl des Hydrolats aufgenommen, da das ätherische Öl darin viel besser löslich ist als in Wasser. Dieses Öl kann direkt als Massage- oder Gesichtsöl verwendet werden, oder Sie können es auch als Ausgangssubstanz für die beschriebenen Rezepte nutzen.

Hydrolat selbst herstellen: *Mischen Sie ca. 3 ml ätherisches Öl mit 1 l Wasser.*

Gerätschaften

Für das Herstellen der einzelnen Produkte werden Sie folgende Gerätschaften benötigen:

Becherglas: um das Trägeröl, Wasser usw. im Wasserbad zu erhitzen und zum Mischen der verschiedenen Zutaten

Briefwaage oder Küchenwaage: um die Mengen genau abzuwägen

Herdplatte: zum Erhitzen des Wasserbades

Holzspatel: zum Umrühren und Vermengen von Mischungen, besonders wichtig bei Cremes

Kochtopf: mit Wasser befüllt dient er als Wasserbad

Hinweis: *Aus einer Pipette entspricht ein Tropfen ca. 0,05 ml, aus einer Spritze mit Kanüle jedoch nur ca. 0,014 ml.*

Spritze mit Kanüle oder Pipette: zum Zutropfen des ätherischen Öls. Sie sollten beachten, dass die Tropfen je nach Gerät nicht immer gleich groß sind: Bei der Kanüle und Pasteurpipette (siehe S. 75) sind die Tropfen nur ca. ein Viertel der Tropfen aus den anderen Pipetten, der Spritze ohne Kanüle oder einem Tropfer, mit dem Ölfläschchen oft ausgestattet sind. Die in den Rezepten angegebene Tropfenanzahl bezieht sich auf einen Tropfer auf Ölfläschchen, also große Tropfen. Bei Verwendung einer Kanüle bzw. Pasteurpipette muss daher die vierfache Tropfenanzahl als in den Rezepten angegeben, zugetropft werden.

Sicherheitshinweise

Da ätherische Öle hoch konzentrierte Wirkstoffe und zum Teil in unverdünnter Form giftig sind, sollten einige Grundsätze beachtet werden:

- Bewahren Sie ätherische Öle kindersicher auf.
- Reiben Sie ätherische Öle nicht in die Augen.
- Tragen Sie ätherische Öle nur verdünnt auf die Haut auf – niemals auf die Schleimhäute.
- Wenden Sie ohne genaue Kenntnis der Wirkung oder vorherige Konsultation eines Arztes/Therapeuten ätherische Öle und Hydrolate nicht innerlich an. Die Ausnahme bilden nur stark verdünnte Gewürzöle und Liköre.
- Ätherische Öle sind stark wirksame Substanzen. Dosieren Sie sie nicht zu hoch.
- Die folgenden Öle erhöhen die **Lichtempfindlichkeit** der Haut und dürfen bei Sonnen- oder UV-Bestrahlung als Zusatz in Hautölen nicht angewandt werden: gepresste Zitrusöle, Angelikawurzel und Kümmel.

- Wenn Sie **empfindliche Haut** haben, sollten Sie die folgenden Öle nur sparsam verwenden: Angelikawurzel, Anis, Basilikum, Bohnenkraut, Cajeput, Eukalyptus, Fenchel, Gewürznelke, Ingwer, Jasmin, Kardamom, Koriander, Lemongras, Melisse, Minze, Neroli, Oregano, Pfeffer, Tannen, Thymian, Verbene, Zimt, Zitrusöle.
- Wenn Sie **schwanger** sind, dürfen Sie folgende Öle nicht anwenden (außer nach Rücksprache mit dem Arzt): Anis, Basilikum, Bohnenkraut, Cistrose, Estragon, Fenchel, Gewürznelke, Kampfer, Koriander, Lorbeer, Majoran, Melisse, Minze, Muskat, Muskatellersalbei, Myrre, Oregano, Rosmarin, Salbei, Thymian, Wacholder, Ysop, Zimt.
- Wenn Sie unter **Bluthochdruck** leiden, dürfen Sie folgende Öle nicht anwenden (außer nach Rücksprache mit dem Arzt): Bohnenkraut, Lorbeer, Rosmarin, Salbei, Thymian, Ysop.
- Wenn Sie unter **Epilepsie** leiden, dürfen Sie folgende Öle nicht anwenden (außer nach Rücksprache mit dem Arzt): Anis, Basilikum, Fenchel, Lavandin, Rosmarin, Salbei, Ysop, Zypresse.

Badezusätze

Die Herstellung von Badezusätzen ist sehr einfach, meist handelt es sich nur um das reine ätherische Öl und eine Art Emulgator wie Sahne oder Milch, um das Öl mit dem Wasser mischbar zu machen. Noch einfacher ist die Verwendung von Hydrolat: Ins Badewasser schütten und vermischen.

Vollbad

Sie benötigen:

- *1 Esslöffel Sahne, Milch und Honig*
- *5-10 Tropfen ätherisches Öl oder 200-600 ml Hydrolat*

Lösen Sie zuerst ein Esslöffel Honig im Badewasser auf. Vermischen Sie anschließend das ätherische Öl mit der Sahne oder Milch und geben Sie es dem Badewasser zu. Die Wassertemperatur sollte nicht mehr als 38 °C betragen, sonst verflüchtigt sich das Öl zu rasch.

Hydrolate: Abhängig von der destillierten Pflanze, ein bis drei Flaschen (zu je 200 ml, siehe Kapitel 3) zum Badewasser geben und umrühren.
Beispiel: 5 Tropfen Lavendelöl (beruhigend) oder 5 Tropfen Lavandinöl (belebend) oder 600 ml pures Lavendel-/Lavandin-Hydrolat

Badesalz

Sie benötigen:
- *150 g Meersalz (für ein Vollbad)*
- *10-15 Tropfen ätherisches Öl*

Geben Sie das parfümfreie Meersalz in ein Döschen mit Deckel. Tröpfeln Sie das Öl gleichmäßig über das Salz, verschließen Sie die Dose und schütteln Sie mehrmals kräftig. Nach einer Stunde hat sich das Badesalz mit dem Öl vollgesaugt und ist einsatzfähig.

Die im Handel erhältlichen neutralen Meersalze sind immer farblos. Möchten Sie Ihrem persönlichen Badesalz jedoch auch eine passende Farbe hinzufügen, geht das relativ einfach: Besorgen Sie sich Lebensmittelfarbe und rühren Sie diese mit Wasser an. Für 150 g Salz genügen 10 bis 20 Tropfen der verdünnten Farbe – einfach über dem Salz verteilen und dann das Salz ebenfalls in einer Dose kräftig schütteln. Anschließend das Salz über Nacht auf einem Papier ausgebreitet trocknen lassen. Alternative: Geben Sie es für eine halbe Stunde bei 50 °C in das Backrohr. Das ätherische Öl sollten Sie immer erst nach der Trocknung zugeben.
Beispiel: 10 Tropfen Wacholderöl

Badesalz ►

Duschbad

Ein Duschbad muss im Unterschied zu den vorhergehenden Produkten auch eine reinigende Wirkung haben, die es durch eine waschaktive Substanz erhält. Hierfür eignet sich am besten Schmierseife oder Silberseife (weiße Schmierseife) – für mehr Schaumbildung den Schmierseifenanteil im Rezept erhöhen.

Das Wasser auf ca. 60 °C erhitzen und unter Rühren die Schmierseife und den Honig auflösen. Wird auch Pflanzenöl verwendet, dann dieses ebenfalls unter Rühren zugeben. Zum Schluss den Essig einrühren. Das ätherische Öl erst zutropfen und einrühren, wenn die Mischung unter 30 °C abgekühlt ist.

Haben Sie das Duschbad mit Pflanzenöl hergestellt (das zweite Rezept), bilden sich nach einiger Zeit automatisch zwei Phasen. Schütteln Sie das Duschbad daher vor Gebrauch gut durch.

Beispiel: 20 Tropfen Orangenöl, Kamillenöl oder Thymianöl. Hydrolat: Minze, Zitronengras oder Lorbeer (erfrischend); Rose, Gewürztagetes, Geranie (duftend)

Je nach Vorliebe benötigen Sie:

- *100 g Schmierseife*
- *10 g Bienenhonig*
- *10 ml Obstessig*
- *200 ml Wasser oder Hydrolat*
- *20 Tropfen ätherisches Öl*

oder

- *100 g Schmierseife*
- *10 g Bienenhonig*
- *10 ml Obstessig*
- *100 ml Wasser oder Hydrolat*
- *100 ml neutrales Trägeröl*
- *20 Tropfen ätherisches Öl*

Fußbad

Lösen Sie wie beim Vollbad zuerst den Honig im Badewasser auf und verteilen Sie anschließend das Milch- bzw. Sahne-Öl-Gemisch im Wasser. Die Wassertemperatur sollte ebenfalls nicht über 38 °C liegen. Sahne oder Milch ist nur beim ätherischen Öl unbedingt notwendig, nicht beim Hydrolat. Honig ergibt ein angenehmes Gefühl auf der Haut, ist daher auch bei Hydrolat durchaus sinnvoll.

Beispiel: 7 Tropfen Rosmarinöl oder 200 ml pures Kiefern-Hydrolat

Sie benötigen:

- *1 Esslöffel Sahne, Milch und Honig*
- *3-7 Tropfen ätherisches Öl*

Gesichts- und Körperpflege

Hinweis:
Gesichtspflegeprodukte sollten nicht mehr als 2% ätherisches Öl beinhalten, Körperpflegeprodukte nicht mehr als 3 %.

Um die Gesichts- und Körperpflege komplett abzudecken, sollten Sie sowohl reinigende als auch pflegende Produkte herstellen. Die Wirkung des jeweiligen Produktes kann durch die gezielte Auswahl der ätherischen Öle bzw. Hydrolate perfektioniert werden. Je nach Bedürfnis der Haut können Sie die zugesetzte ätherische Öl- oder Hydrolatsorte immer wieder verändern. Insbesondere hier ist es wichtig, dass wirklich nur echte ätherische Öle verwendet werden. Andere Öle würden zwar gut duften, hätten aber absolut keine Wirkung auf die Haut.

Sie werden bei allen Cremes bemerken, dass Lanolin dabei ist. Es hat die Aufgabe, die wässrigen und die fettigen / öligen Bestandteile der Cremes miteinander zu vermischen.

Werden die Produkte kühl und dunkel gelagert, sind sie zwei bis drei Monate lang haltbar.

Reinigungsmilch

Sie benötigen:
- *8 g Bienenwachs*
- *10 g Lanolin*
- *100 ml neutrales Trägeröl*
- *100 ml Wasser oder Hydrolat*
- *10 Tropfen ätherisches Öl*

Bienenwachs und Lanolin im Wasserbad schmelzen und gut verrühren. Fügen Sie das Trägeröl zu, verrühren Sie es ebenfalls und geben Sie langsam unter Rühren das Wasser oder Hydrolat hinzu. Die Mischung auf ca. 30 °C abkühlen lassen und weiterrühren. Zum Schluss das ätherische Öl zutropfen und durchrühren.
Beispiel: Mandelöl und 10 Tropfen Lavendelöl oder Ringelblumenhydrolat *(Calendula)*

Reinigungsöl

Sie benötigen:
- *100 ml neutrales Trägeröl*
- *max. 50 Tropfen ätherisches Öl*

Das ätherische Öl dem Trägeröl zutropfen und gut umrühren oder schütteln.
Beispiel: Mandelöl und 10 Tropfen Rosenöl

Make-up-Entferner

Das Bienenwachs im Wasserbad schmelzen, das Trägeröl langsam zugeben und beides gut verrühren. Warten Sie, bis die Mischung auf 30 °C abgekühlt ist, um das ätherische Öl hinzuzutropfen. Möchten Sie die Abschminke etwas dünnflüssiger, dann reduzieren Sie die Bienenwachsmenge.
Beispiel: Distelöl und 3 Tropfen Kamilleöl

Sie benötigen:
- *10 g Bienenwachs*
- *50 ml neutrales Trägeröl*
- *3 Tropfen ätherisches Öl*

Peeling

Schmelzen Sie das Bienenwachs und das Lanolin im Wasserbad, geben Sie langsam das Trägeröl zu und verrühren Sie es, um anschließend das Wasser oder Hydrolat unter Rühren zuzugeben. Warten Sie, bis die Mischung auf 30 °C abgekühlt ist, tropfen Sie das ätherische Öl zu und rühren Sie das Salz unter. Das Peeling sollte innerhalb einer Woche verwendet werden, andernfalls kann sich das Wasser in der Mischung teilweise absetzen.
Beispiel: 50 ml Mandelöl und 3 Tropfen Minzöl und Melissenhydrolat

Sie benötigen:
- *10 g Bienenwachs*
- *5 g Lanolin*
- *50 ml neutrales Trägeröl*
- *50 ml Wasser oder Hydrolat*
- *15-20 g Salz*
- *3 Tropfen ätherisches Öl*

Gesichtsmasken

Je nach Hauteigenschaft können Sie unterschiedliche Ausgangsmaterialien verwenden:
▷ *Eigelb:* verjüngt und glättet
▷ *Eiweiß:* gibt müder Haut Frische
▷ *Haferflocken:* reinigt fettige Haut
▷ *Heilerde:* für junge Haut
▷ *Honig:* zum Straffen und Festigen
▷ *Milchprodukte:* regen die Zellneubildung an
▷ *Weizenkleie:* bei unreiner Haut

Alle Ausgangsmaterialien direkt verwenden, nur Haferflocken, Heilerde und Weizenkleie mit Wasser oder Hydrolat zu einem Brei anrühren und anschließend das ätherische Öl zugeben.

Sie benötigen:
- *100 ml Ausgangsmaterial*
- *4-5 Tropfen ätherisches Öl*

Gesichtswasser

Mit Alkohol benötigen Sie:
- *90 ml destilliertes Wasser oder Hydrolat (evtl. ohne Öl)*
- *10 ml Alkohol (96%vol)*
- *12 Tropfen ätherisches Öl*

Ohne Alkohol:
- *100 ml destilliertes Wasser oder Hydrolat (evtl. ohne Öl)*
- *12 Tropfen ätherisches Öl*

Tropfen Sie das ätherische Öl dem Alkohol zu und verrühren Sie beides, anschließend gut mit dem Wasser oder Hydrolat durchmischen.

Für manche Hauttypen eignet sich ein Gesichtswasser ohne Alkohol besser (Alkohol trocknet die Haut ein wenig aus), in diesem Fall sollten Sie das untenstehende Rezept verwenden. Bei beiden Rezepten ist es nicht unbedingt notwendig, ätherisches Öl zuzugeben, wenn Sie Hydrolate verwenden statt Wasser. In diesem Fall besteht das zweite Rezept nur aus reinem Hydrolat, sonst nichts.

Natürlich ist es wie bei allen anderen Rezepturen auch möglich, verschiedene Öle für das Gesichtswasser zu mischen.

Beispiel: 12 Tropfen Lavendel- oder Pfefferminz- oder Karottenöl. Hydrolat: Lorbeer, Bayrumbaum oder dieselbe Sorte wie das Öl

Gesichtscreme

Sie benötigen:
- *2 g Bienenwachs*
- *8 g Lanolin*
- *20 ml neutrales Trägeröl*
- *20 ml Hydrolat oder destilliertes Wasser*
- *10-15 Tropfen ätherisches Öl*

Schmelzen Sie das Bienenwachs und das Lanolin im Wasserbad und geben Sie unter Rühren das Trägeröl hinzu. Das Hydrolat oder destilliertes Wasser auf 60 °C erwärmen und einrühren. Beachten Sie genau die Temperatur, sonst verbinden sich die Bestandteile der Creme nicht! Wenn die Mischung auf 30 °C abgekühlt ist, das ätherische Öl zutropfen.

Bei der Cremeherstellung das Wasser bzw. Hydrolat immer nur sehr langsam in das Trägeröl geben, zugleich kräftig rühren. Während der Abkühlphase unbedingt weiterrühren, andernfalls mischt sich das Öl schlecht oder gar nicht mit dem Wasser und in der Creme trennt sich sofort das Öl vom Wasser.

Die Creme handwarm in ein Döschen füllen, nach einer Stunde nochmals umrühren und verschließen. Wollen Sie die Creme länger stehen lassen, sollten Sie sie vor der An-

Herstellung von Cremes

◄ Schmelzen Sie das Bienenwachs und das Lanolin im Wasserbad

► und rühren Sie das Öl ein.

◄ Geben Sie unter kräftigem Rühren langsam das Hydrolat oder destillierte Wasser hinzu.

► Wenn die Mischung abgekühlt ist, können Sie das ätherische Öl mit der Spritze zutropfen.

wendung ebenfalls kurz umrühren, damit sie wieder weich und geschmeidig wird.

Für eine zweite Variante:
- *1,5 g Bienenwachs*
- *10 g Lanolin*
- *1,5 g Kakaobutter*
- *25 ml neutrales Trägeröl*
- *15 ml Hydrolat oder destilliertes Wasser*
- *10-15 Tropfen ätherisches Öl*

Erwärmen Sie das Bienenwachs, die Kakaobutter und das Lanolin im Wasserbad auf 60 °C – beachten Sie auch hier genau die Temperatur. Rühren Sie das Trägeröl ein und erwärmen Sie die Masse wieder auf 60 °C. Das ebenfalls auf 60 °C erhitzte Hydrolat oder destillierte Wasser langsam unter Rühren zugeben. Mengen Sie so lange weiter, bis das Gemisch auf ca. 30 °C abgekühlt ist und fügen Sie anschließend das ätherische Öl hinzu.

Auch diese Creme sollte nach längerem Stehenlassen vor der Anwendung umgerührt werden. Sie können die Eigenschaften der Cremes sehr leicht selbst variieren:
▷ *festere Creme:* Bienenwachsmenge erhöhen
▷ *weichere Creme:* Bienenwachsmenge reduzieren
▷ *leichtere, dünnere Creme:* Wasseranteil erhöhen
▷ *reichere, fettigere Creme:* Ölanteil erhöhen

Beispiel: 10 ml Mandel- und Avocadoöl, 20 ml Rosenhydrolat und 12 Tropfen Lavendelöl

Nachtcreme

Sie benötigen:
- *2 g Bienenwachs*
- *40 ml neutrales Trägeröl*
- *10-15 Tropfen ätherisches Öl*

Dieser Cremetyp zeichnet sich dadurch aus, dass er keinen wässrigen Anteil hat. Dadurch ist auch der Emulgator Lanolin nicht mehr notwendig.

Das Trägeröl im Wasserbad auf 60 °C erwärmen und das Wachs darin schmelzen. Anschließend die Mischung vom Herd nehmen und bei 30 °C das ätherische Öl zutropfen.

Für eine festere Creme:
- *10 g Bienenwachs*
- *40 ml neutrales Trägeröl*
- *10-15 Tropfen ätherisches Öl*

Festere Creme: Das Bienenwachs und das Trägeröl auf 60 °C im Wasserbad erhitzen und gut umrühren. Ist die Mischung auf ca. 30 °C abgekühlt, das ätherische Öl einrühren.

Beispiel: 20 ml Avocado- und 20 ml Macadamiaöl sowie 14 Tropfen Kamilleöl

Massageöl

Vermengen Sie das Trägeröl mit dem ätherischen Öl. **Beispiel:** 50 ml Jojoba- und Mandelöl, 20 Tropfen Rosmarinöl und 20 Tropfen Wacholderöl. Der **Klassiker unter den Massageölen**: Mandelöl mit Arnika, selbstverständlich kann auch ein Mazerat verwendet werden.

Sie benötigen:
- *100 ml Trägeröl*
- *20-40 Tropfen ätherisches Öl*

Gesichtsöl

Das ätherische Öl in das Trägeröl tropfen und vermischen.
Beispiel: Mandelöl und 15 Tropfen Lavendelöl
Jojobaöl und 20 Tropfen Kamilleöl
Olivenöl und 20 Tropfen Karottensamenöl

Sie benötigen:
- *40 ml neutrales Trägeröl*
- *10-20 Tropfen ätherisches Öl*

Sonnenöl

Die Sonnenschutzöle schützen nicht so wirksam wie kommerzielle Produkte, eigenen sich aber hervorragend für gebräunte Haut bzw. leicht bräunende Haut.
Erhitzen Sie die Trägeröle auf 60 °C und vermischen Sie sie gut miteinander. Abkühlen lassen und anschließend das ätherische Öl zutropfen.
Statt der angegebenen Trägerölmischung können Sie auch 25 ml Kokosöl, 65 ml Sesamöl und 10 ml Weizenkeimöl verwenden.

Sie benötigen:
- *75 ml Sesamöl*
- *25 ml Weizenkeimöl*
- *4-8 Tropfen ätherisches Öl*

Deodorant

Vermischen Sie die angegebenen Zutaten. Zur Verfeinerung des Duftes können Sie noch ein paar Tropfen Zitronensaft zugeben. Je nachdem, wie sich der Alkohol auf der Haut anfühlt, kann es sinnvoll sein, zum Verdünnen etwas Hydrolat zuzugeben.
Beispiel: 20 Tropfen Salbeiöl, Hydrolat: Zitrone oder Zitronengras

Sie benötigen:
- *50 ml Alkohol*
- *20 Tropfen ätherisches Öl*

Mundwasser

Sie benötigen:
- *200 ml destilliertes Wasser oder Hydrolat*
- *1 Teelöffel Alkohol (96%vol)*
- *8 Tropfen ätherisches Öl*

Zuerst das ätherische Öl mit dem Alkohol vermischen, danach das Wasser hinzufügen und verrühren. Oder Hydrolat statt Wasser verwenden, in diesem Fall ist das ätherische Öl nur notwendig, wenn der Geschmack zu mild ist. Ist der Geschmack der Hydrolat-Alkohol-Mischung zu scharf, mit Wasser verdünnen.
Beispiel: 8 Tropfen Pfefferminzöl oder Hydrolat derselben Sorte

Rasur

Rasierseife

Sie benötigen:
- *250 ml Hydrolat*
- *50 g Schmierseife*
- *1 Teelöffel Honig*
- *5 Tropfen ätherisches Öl*

Das Hydrolat auf 60 °C erwärmen und die Schmierseife darin auflösen. Sobald alles handwarm abgekühlt ist, den Honig und das ätherische Öl unterrühren. Zum Rasieren genügt es, einen Teelöffel der Seife mit Wasser schaumig zu schlagen. Für mehr Schaumbildung den Schmierseifeanteil erhöhen.
Beispiel: 5 Tropfen Lorbeeröl

Rasierwasser

Sie benötigen:
- *200 ml destilliertes Wasser oder Hydrolat*
- *1 Teelöffel* ***oder*** *40 ml Alkohol (96%vol)*
- *2 Tropfen ätherisches Öl*

Je nach Vorliebe und Hauttyp können Sie nach der Rasur zur Beruhigung der Haut ein Rasierwasser mit oder nahezu ohne Alkohol zubereiten.

Das ätherische Öl zuerst mit dem Alkohol vermischen, dann das Wasser unter Rühren zugeben. Für empfindliche Haut eignet sich am besten reines (Zitronen-)Melissehydrolat ohne weitere Zusätze.
Beispiel: 2 Tropfen Vetiveröl, Hydrolat: Zitronenmelisse

Haarpflege

Haarshampoo

Das Haarshampoo benötigt wie das Duschbad als waschaktive Substanz Schmierseife. Auch hier gilt: für mehr Schaumbildung den Schmierseifenanteil erhöhen.

Das Wasser bzw. Hydrolat auf ca. 60 °C erhitzen und die Schmierseife darin auflösen und anschließend den Alkohol zufügen. Hat sich die Mischung auf ca. 30 °C abgekühlt, tropfen Sie das ätherische Öl hinzu.

Beispiel: 25 Tropfen Rosmarinöl, Hydrolat: Balsampappel

Sie benötigen:

- *100 ml Wasser oder Hydrolat*
- *40 g Schmierseife*
- *7 ml Alkohol (96%vol)*
- *25 Tropfen ätherisches Öl*

Haarwasser (Haarspülung)

Lösen Sie das ätherische Öl im Alkohol auf und vermischen Sie es anschließend mit dem Wasser. Wenn statt Wasser Hydrolat verwendet wird, ist die Zugabe des ätherischen Öles nicht unbedingt notwendig.

Beispiel: 6 Tropfen Lavendelöl und/oder Rosmarin-Hydrolat

Sie benötigen:

- *100 ml destilliertes Wasser oder Hydrolat*
- *1 Teelöffel Alkohol (96%vol)*
- *6 Tropfen ätherisches Öl*

Seife

Das Wasser aufkochen und das Wachs und Trägeröl zugeben. Sobald das Wachs geschmolzen ist, die Hälfte der Seifenflocken einrühren. Unter ständigem Rühren das Gefäß von der Herdplatte nehmen und die restlichen Flocken zugeben – Vorsicht, es schäumt! Weiter rühren, bis die Masse handwarm geworden ist, das ätherische Öl zutropfen und wieder gut umrühren.

Gießen Sie die Masse in eine beliebige Form. Ihrer Fantasie sind keine Grenzen gesetzt: Eiswürfelbehälter, leere Kaffeerahm- bzw. Joghurtbecher, Backformen, Sandspielförmchen usw. Nach einer Woche die Seife aus der Form nehmen und einige Wochen lang bei Zimmertemperatur

Sie benötigen:

- *50 g Seifenflocken oder aufgeriebene geruchslose Seife*
- *0,5 g Bienenwachs*
- *50 ml Wasser*
- *5 ml neutrales Trägeröl*
- *3 Tropfen ätherisches Öl*

Herstellung von Seife

◄ Kochen Sie das Wasser auf und geben Sie zuerst das Wachs und Trägeröl dazu. Sobald das Wachs geschmolzen ist, die erste Hälfte der Seifenflocken einrühren.

► Ohne das Rühren zu unterbrechen, das Becherglas von der Herdplatte nehmen und den Rest der Seifenflocken zugeben.

◄ Weiter rühren, sobald die Mischung handwarm geworden ist, das ätherische Öl zugeben.

► Füllen Sie abschließend die Seifenmasse in Döschen oder andere Formen ab.

trocknen. Um die Seife aus der Form besser herauszubekommen, die Form vor dem Befüllen mit Klarsichtfolie auskleiden oder innen mit Glyzerin o.Ä. einschmieren.

Für mehrfarbige Seifen reichen einige Tropfen mit Lebensmittelfarbe aus (siehe auch Badesalz). Den ersten Guss leicht abkühlen lassen, bevor die nächste Farbe darübergegossen wird. Zwischen die Schichten lassen sich auch Dekorationsgegenstände wie getrocknete Früchte, kleine Figuren, Muscheln, Perlen, Kräuter usw. eingießen. Für eine Peelingseife eignen sich am besten Lavendelblüten.

Die fertige Seife im Formbehälter oder Papier offen stehen lassen, nach 2-3 Wochen wenden. Insgesamt sollte die Seife 4-5 Monate trocknen. Laut einem Seifenhersteller macht ein Tropfen Alkohol die Seife geschmeidiger und angenehmer. Einen Versuch ist es zumindest wert.

Beispiel: 5 ml Mandel- oder Diestelöl und 3 Tropfen Wacholder- oder Lavendelöl

Parfüm

Ein Parfüm enthält 20 % ätherisches Öl, d.h. in 10 ml Parfüm sind 2 ml reines ätherisches Öl enthalten. Es kann aus einer einzelnen ätherischen Ölsorte hergestellt werden, meist handelt es sich jedoch um Mischungen aus mehreren Ölen. In diesem Fall ist ein Parfüm aus folgenden Duftnoten aufgebaut:

- ▷ *Kopfnote:* Dieser Geruch wird als Erstes wahrgenommen, er ist hell und leicht. Er kann fünf Minuten bis zwei Stunden auf der Haut wahrgenommen werden.
- ▷ *Herznote:* der eigentliche Duft des Parfüms, weich, würzig und blumig. Er hält sich zwei bis zwölf Stunden.
- ▷ *Basisnote:* der Duft, erdig, balsamisch und tief, der mit 12-24 Stunden am längsten nachklingt.

Der Aufbau aus Kopf-, Herz- und Basisnote wurde 1940 von Jean Carles entwickelt und gilt bis heute als Norm in der Parfümherstellung. Die einzelne Note enthält jeweils zumindest drei verschiedene Öle, d.h. ein Parfüm enthält mindestens neun verschiedene Düfte. In der Regel ist es

Sie benötigen:

- *8 ml Jojobaöl*
- *2 ml ätherisches Öl*
- *1 Tropfen Distelöl auf 10 ml Parfüm*

oder

- *8 ml Alkohol (96%vol)*
- *2 ml ätherisches Öl*
- *1 Tropfen Distelöl auf 10 ml Parfüm*

Hinweis:
Ein professionelles Parfüm setzt sich aus 50 bis 150 verschiedenen Duftnoten zusammen.

jedoch aus 50 bis 150 verschiedenen Duftsubstanzen zusammengesetzt. Die Kopf- und Herznoten enthalten jeweils ein Viertel der Duftölmenge, die Basisnote die andere Hälfte. Wenn Sie 10 ml Parfüm herstellen wollen, brauchen Sie also insgesamt 2 ml ätherisches Öl, auf die Kopf- und Herznote entfallen jeweils 0,5 ml, auf die Basisnote 1 ml.

Möchten Sie professionell Parfüm herstellen, dann sollten Sie die Öle vor dem Zusammenmischen mit Alkohol vermengen und so eine 20-prozentige-Öl-Alkoholmischung herstellen. Nehmen Sie also z.B. 2 ml Wacholderöl und füllen Sie auf 10 ml mit Alkohol auf. Würden Sie die ätherischen Öle direkt mischen, wäre es kaum möglich, den Duft der Komposition zu riechen, da die Konzentration der Öle zu hoch wäre.

Die folgende Übersicht zeigt Ihnen, welche Pflanzen sich für welche Noten besonders gut eignen:

► Kopf-, Herz- und Basisnoten

Öltyp	**Pflanze**
Kopfnote	Anis, Bay, Bergamotte, Limette, Mandarine, Meerrettich, Rosmarin, Senf, Thymian, Verbene, Zitrone
Kopf- oder Herznote	Angelika, Basilikum, Geisenbart*, Föhre, Grapefruit, Kiefer, Latsche, Maiglöckchen*, Melisse, Myrte, Orangenblüte, Petersilie, Petitgrain (Zitrone), Pfeffer, Pfefferminze, Zitronengras
Herznote	Baldrian, Beifuß, Bohnenkraut, Cistrose, Davana, Dill, Estragon, Eukalyptus, Fenchel, Hyazinthe, Ingwer, Jasmin, röm. Kamille, Kardamom, Karotte, Koriander, Kümmel, Kurkuma, Lavendel, Liebstöckel, Lilie, Majoran, Minze, Muskatnuss, Nelke, Salbei, Sellerie, Tagetes, Thuja, Wacholder, Zypresse
Herz- oder Basisnote	Birke, Zeder, Geranie, Hopfen, Hanf, Iris, Magnolie, Mimose, Muskatellersalbei, Patschuli, Petitgrain (Orange, Mandarine), Rose, Sternanis, Tuberose, Veilchen, Ylang-Ylang, Ysop, Zimt
Basisnote	Ambre, Benzoe Siam, Ginster, Jasmin, dt. Kamille, Knoblauch, Lorbeer, Mimose, Musc*, Myrre, Narzisse, Oakmusk*, Oregano, Patschuli, Sandelholz, Vetiver, Weihrauch, White Musk*

* künstliche Produkte, aber in der Parfümindustrie weit verbreitet

▲ Der Parfümeur, die „Nase“, komponiert die Düfte auf einer so genannten Parfümorgel.

Da beim Riechen verschiedenster Düfte die Nase im Allgemeinen relativ rasch „taub“ wird, sollten Sie beim Parfümmischen folgendermaßen vorgehen:

1. Mischen Sie zuerst die Basis. Suchen Sie sich drei Düfte aus, die bereits mit Alkohol verdünnt wurden.
2. Tauchen Sie jeweils einen dünnen Kartonstreifen in jeweils einen Basisduft und beschriften Sie diesen.
3. Nehmen Sie die Kartons fächerartig in die Hand und streifen Sie langsam wie mit einem Fächer an der Nase vorbei.
4. Sind Sie mit dem Gesamtduft zufrieden, oder sticht eine Komponente besonders hervor? In diesem Fall wechseln Sie einen Kartonstreifen aus und wiederholen die Duftprobe.
5. Nach der Basis machen Sie das Gleiche mit der Herznote. Sind Sie auch mit dieser Komposition zufrieden, legen Sie Herz- und Basisnote zusammen und überprüfen diese als Ganzes.
6. Die gleiche Vorgehensweise erfolgt dann mit der Kopfnote.
7. Sobald Sie die Komposition Ihrer Wahl gefunden haben, können Sie aus den alkoholischen Verdünnungen jeweils 1 ml entnehmen. Achten Sie dabei auf das richtige Verhältnis der drei Noten.

▶ Papierstreifen zum Prüfen der Duftkomposition

Beispiel Damenparfüm:
- *Kopf (0,5 ml): 0,1 ml Bergamotte, 0,3 ml Limette, 0,1 ml Mandarine*
- *Herz (0,5 ml): 0,3 ml Rose, 0,1 ml Lavendel, 0,1 ml Salbei*
- *Basis (1 ml): 0,2 ml Lorbeer, 0,4 ml Oregano, 0,4 ml Geranie*

Beispiel Herrenparfüm:
- *Kopf (0,5 ml): 0,1 ml Bergamotte, 0,3 ml Limette, 0,1 ml Rosmarin*
- *Herz (0,5 ml): 0,3 ml Lavendel, 0,1 ml Zitronengras, 0,1 ml Salbei*
- *Basis (1 ml): 0,2 ml Vetiver, 0,5 ml Sandelholz, 0,3 ml Zeder*

Wenn Sie mit dieser Vorgehensweise einmal vertraut sind, können Sie auch sehr stark duftende Öle in der Menge etwas reduzieren oder schwächere Düfte etwas steigern sowie die Anzahl der verwendeten Ölsorten erhöhen. An der Verteilung Kopf- und Herznote sowie der Basisnote sollten Sie jedoch nichts ändern.

Wenn Sie die einzelnen Komponenten zusammengemischt haben, sollten Sie die Flasche nicht schütteln, sondern nur ein paar Mal hin- und herkippen, das genügt. Anschließend sollte das Parfüm mindestens ein bis drei Monate im Dunkeln reifen. Dem Parfüm wird Distelöl (1 Tropfen auf 10 ml Parfüm), Patschuliöl oder Eichenmoosöl als Fixativ zugegeben, damit die Düfte der Öle länger auf der Haut bleiben. Kommt es nach der Lagerzeit zu Trübungen, können diese mit so genannten Faltenfiltern abfiltriert werden.

Neben Parfüm existieren noch folgende andere Duftprodukte, die sich im Ölgehalt und in der Wahrnehmbarkeit auf der Haut voneinander unterscheiden.

Produkt	Ölgehalt	Haltbarkeit auf der Haut
Parfüm	20 %	ein Tag
Eau de Parfüm	15 %	vier bis fünf Stunden
Eau de Toilette	10 %	zwei Stunden
Eau de Cologne	5 %	kurze Erfrischung

Sie können sehr einfach selbst überprüfen, ob es sich bei einem angebotenen Produkt tatsächlich um Parfüm handelt oder „doch nur“ um Eau de Toilette o.Ä. Geben Sie dafür einen Tropfen auf den Handrücken und verreiben Sie ihn. Bei Parfüm ist eine ölige Konsistenz deutlich spürbar.

▲ Aluminiumfläschchen zur Aufbewahrung von Parfüm

Wenn Sie Parfüm verwenden, sollten Sie bedenken, dass Sie dieses nach einiger Zeit selbst nicht mehr wahrnehmen, da sich Ihre Nase an den Duft bereits gewöhnt hat. Bei den Menschen in Ihrer Umgebung ist dies jedoch nicht der Fall, daher sollten Sie Parfüm nur sehr sparsam dosieren. Es genügt, wenn Sie jeweils einen Tropfen an folgenden Körperstellen verreiben: Handgelenk-Innenseite, Armbeugen-Innenseite, hinter den Ohren, am Halsansatz unter dem Kinn, bei Frauen am Dekolleté und evtl. in den Kniekehlen. Parfüm aus echten ätherischen Ölen hat natürlich auch die jeweilige Wirkung der enthaltenen Öle.

Bei den anderen Duftprodukten können Sie die Dosis je nach Ölgehalt erhöhen. Es empfiehlt sich z.B. bei Eau de Cologne einen Zerstäuber zu verwenden und in einem Abstand von ca. 30 cm ein- bis zweimal die entsprechenden Stellen zu besprühen.

☺ **Tipp:**
Parfüm immer kühl, trocken und dunkel lagern. Für die Aufbewahrung eignen sich dunkle Glasflaschen (ein bis zwei Jahre), besser sind jedoch Aluminiumfläschchen (fünf Jahre).

Liköre

Wie im Kapitel 2 bereits erwähnt, werden auch heute noch viele Liköre mit Hilfe von ätherischen Ölen hergestellt.

Der verwendete Alkohol sollte möglichst geschmacklos und selbstverständlich unvergällt, also trinkbar, sein. Am besten Weingeist aus der Apotheke verwenden, den Sie auf den gewünschten Alkoholgehalt mit entkalktem (destilliertem) Wasser verdünnen. Mit einiger Fachkenntnis kann der Alkohol auch selbst hergestellt werden.

Hydrolate sind nichts anderes als destilliertes Wasser sowie wasserlösliche, leicht flüchtige Inhaltsstoffe der Pflanze. Somit kann der Alkohol selbstverständlich auch mit Hydrolat statt mit Wasser verdünnt werden. In allen nachfolgenden Rezepten können Sie daher das ätherische Öl durch Hydrolat ersetzen, wenn Sie den hochprozentigen Alkohol statt mit Wasser zumindest teilweise mit Hydrolat verdünnen. Da selbst hergestellte Hydrolate sehr intensiv sein können, sollten Sie diese verdünnt, in einem Verhältnis von ca. 1:7 bis 1:10 verwenden.

Als Zucker eignet sich der sogenannte Invertzucker (Läuterzucker) oder flüssige Fruchtzucker am besten, 1 Liter Läuterzucker entspricht 1 kg „normalem" Kristallzucker. Dies hat den Vorteil, dass das lästige Aufkochen entfällt, der Zucker nicht mehr auskristallisiert und das Aroma der Getränke stärker hervortritt, weil es durch die mildere Süße des Invertzuckers weniger beeinträchtigt wird. Invertzuckersirup ist im Fachhandel für Cocktailmixer erhältlich, oder Sie stellen diesen wie folgt selbst her:

Variante 1: Frucht- oder Traubenzucker in kochendem Wasser so lange auflösen, bis das Wasser keinen Zucker mehr aufnehmen kann.

Variante 2: Ein Gewichts-Teil Wasser mit zwei Teilen Kristallzucker (Saccharose bzw. Rohr- oder Rübenzucker, kurzum: der ganz normale Haushaltszucker) und ca. 2 g Zitronensäure je kg Mischung längere Zeit köcheln lassen. Nach dem Kochen ca. 2 g doppelsaures Natron zugeben, Vorsicht, die Mischung beginnt stark zu schäumen! Durch die Säure zerfällt die Saccharose in Frucht- und Traubenzucker. Der fertige Sirup ist somit nichts anderes als Läuterzucker.

Liköre sollten Sie niemals frisch genießen, erst nach einigen Monaten Lagerzeit in Glasflaschen (niemals Kunststoff verwenden, Lagerung möglichst dunkel, bei Zimmertemperatur) runden sich Geruch und Geschmack völlig ab, danach können sie eventuell gefiltert werden. Um die Abrundungszeit zu verkürzen, können Sie den Likör mittels Luftsauerstoff auch künstlich altern lassen: dazu das Getränk mit einem elektrischen Stabmixer, Milchaufschäumer, Cocktailmixer o.Ä. ca. 2 bis 3 Minuten je Liter schäumend (!) mixen. Welches Gerät Sie auch verwenden, wichtig ist, dass der Likör beim Mixen tatsächlich stark schäumt. Handmixer zum Kuchenbacken (mit zwei ineinandergreifenden Rührern) schäumen nicht stark genug.

Anis I
0,95 l 40%vol Alkohol
50 g Zucker
0,4 ml Anisöl

Anis II
0,95 l 40%vol Alkohol
50 g Zucker
0,25 ml Anisöl
0,15 ml Fenchelöl

Karmeliter-Art
0,95 l 40%vol Alkohol
50 g Zucker
Orangenschalenöl 0,3 ml
Korianderöl 0,1 ml
Melissenöl 0,1 ml
Zitronenöl 0,05 ml

Zitronen
0,95 l 40%vol Alkohol
50 g Zucker
Zitronenöl 0,4 ml
Orangenöl 0,05 ml
Zimtöl 5 Tropfen

Kirsch
0,90 l 40%vol Alkohol
100 ml Kirschsirup
Zitronenöl 5 Tropfen
Nelkenöl 5 Tropfen

Genever-Art
0,95 l 40%vol Alkohol
50 g Zucker
0,6 ml Wacholderbeeröl

Krambambuli
0,95 l 40%vol Alkohol
50 g Zucker
Anisöl 3 Tropfen
Kümmelöl 2 Tropfen
Lavendelöl 3 Tropfen
Kardamomöl 2 Tropfen
Zimtöl 5 Tropfen
Nelkenöl 3 Tropfen
Zitronenöl 5 Tropfen

Pfefferminz
0,95 l 40%vol Alkohol
50 g Zucker
Pfefferminzöl 0,4 ml

Kümmel
0,975 l 40%vol Alkohol
25 g Zucker
Kümmelöl 0,4 ml

Kümmel, Breslauer Art
0,85 l 40%vol Alkohol
150 g Zucker
Kümmelöl 0,6 ml
Fenchelöl 5 Tropfen
Korianderöl 10 Tropfen
Anisöl 8 Tropfen

Kümmel, Danziger Art
0,95 l 40%vol Alkohol
50 g Zucker
Kümmelöl 0,5 ml
Orangenöl 3 Tropfen
Korianderöl 5 Tropfen

Absinthgeschmack, Schweizer Art I
0,95 l 40%vol Alkohol
50 g Zucker
Wermutöl 0,4 ml
Anisöl 0,1 ml
Korianderöl 0,2 ml

Absinthgeschmack, Schweizer Art II
0,95 l 40%vol Alkohol
50 g Zucker
Wermutöl 0,5 ml
Orangenöl 0,2 ml
Sternanisöl 0,1 ml
Orangenblütenöl 0,05 ml
Zitronenöl 0,1 ml

Die nachfolgenden Rezepte werden oft auch als Kreme bezeichnet, aufgrund ihrer sehr dickflüssigen Konsistenz, die wegen ihres sehr hohen Zuckergehaltes entsteht. Damit sich die ätherischen Öle auch vollständig auflösen, sollten Sie diese zuerst mit dem hochprozentigen Alkohol vermischen und erst danach den Zucker und das Wasser zufügen. Damit sich der Zucker besser löst, können Sie die Mischung auch auf ca. 40 °C erwärmen.

Anis
0,4 l 90%vol Alkohol
300 g Zucker
Wasser: auf 1 Liter auffüllen
Anisöl 0,4 ml

Anisette
0,4 l 90%vol Alkohol
300 g Zucker
Wasser: auf 1 Liter auffüllen
Anisöl 0,2 ml
Fenchelöl 0,05 ml
Sternanisöl 0,6 ml
Korianderöl 2 Tropfen

Eisenbahnlikör
0,4 l 90%vol Alkohol
300 g Zucker
Wasser: auf 1 Liter auffüllen
Zimtöl 0,2 ml
Nelkenöl 0,1 ml
Anisöl 10 Tropfen
Pfefferminzöl 0,2 ml
Rosenöl 2 Tropfen

Danziger Goldwasser
0,4 l 90%vol Alkohol
300 g Zucker
Wasser: auf 1 Liter auffüllen
Zitronenöl 0,4 ml
Korianderöl 10 Tropfen
Neroliöl 6 Tropfen
Orangenöl 6 Tropfen
sowie einige Flitter echtes Blattgold

Himbeer
0,4 l 90%vol Alkohol
500 ml Himbeersirup
Wasser: auf 1 Liter auffüllen
Zitronensäure 1,0 g
Orangenblütenwasser 25 ml

Kümmellikör, nach Magdeburger Art
0,4 l 90%vol Alkohol
300 g Zucker
Wasser: auf 1 Liter auffüllen
Kümmelöl 0,6 ml
Fenchelöl 2 Tropfen
Anisöl 0,05 ml
Zitronenöl 2 Tropfen

Magenbitterlikör
0,4 l 90%vol Alkohol
300 g Zucker
Wasser: auf 1 Liter auffüllen
Orangenöl 0,05 ml
Pfefferminzöl 0,05 ml
Wacholderöl 0,1 ml
Anisöl 0,05 ml
Nelkenöl 0,05 ml
Wermutöl 0,05 ml
Zitronenöl 0,05 ml
Fenchelöl 0,05 ml

Pfefferminzlikör I
0,4 l 90%vol Alkohol
300 g Zucker
Wasser: auf 1 Liter auffüllen
Pfefferminzöl 0,4 ml

Pfefferminzlikör II
0,4 l 90%vol Alkohol
300 g Zucker
Wasser: auf 1 Liter auffüllen
Pfefferminzöl 0,45 ml
Zitronenöl 0,05 ml

Rosenlikör
0,4 l 90%vol Alkohol
300 g Zucker
Wasser: auf 1 Liter auffüllen
Rosenöl 0,1 ml
Orangenblütenwasser 25 ml

Verschiedenes

Die wichtigsten ätherischen Öle in der Küche sind:
Anisöl, Estragonöl, Korianderöl, Kümmelöl, Lavendelöl, Muskatnussöl, Oreganoöl, Pfefferminzöl, Rosenöl, Zimtöl, Zitrusöl.

Wie bereits erwähnt, können ätherische Öle nicht nur im kosmetischen Bereich oder für Liköre, sondern auch in der Küche, z.B. für die **Aromatisierung von Speisen, Gewürzölen, Salaten oder Getränken** verwendet werden. Insbesondere für Lebensmittel ist es sehr wichtig, dass die Öle rein und unverfälscht sind (siehe S. 30 f.).

Der neueste Trend bei den Gourmet-Köchen sind **Würzöle,** dies sind feine Speiseöle, die mit ätherischen Ölen angereichert wurden. Meist werden diese mit einer Sprühflasche kurz vor dem Servieren über Salate o.Ä. verteilt. Beispielhaft sei hier folgende Ölmischung angegeben, selbstverständlich können Sie diese je nach Geschmack entsprechend variieren oder eigene Kreationen entwickeln: 100 ml Olivenöl mit 4 Tropfen Majoranöl, 3 Tropfen Liebstöckelöl, 2 Tropfen Dillöl, 2 Tropfen Fenchelöl und 2 Tropfen Pfefferöl (schwarz oder grün). Zum Würzen von Nachspeisen und Backwerk eignet sich besonders Zitronen- oder Orangenöl.

Hydrolate eignen sich hervorragend für **Säfte** bzw. **Softdrinks**. Beispielsweise ist Zitronenhydrolat vermischt mit Sprudelwasser in einem Verhältnis von ca. 1:10 oder sogar weniger sehr erfrischend. Andere Beispiele sind Orange, Limette, Zitronengras oder Zitronenverbene. Rose, Damiana, Lavendel, Ringelblume oder Geranie sind die beste Basis für ein zauberhaftes, blumig-aromatisches Getränk zu speziellen (romantischen) Anlässen.

Cocktails nicht zu vergessen! Eine Gastwirtin berichtete uns, dass eine Mischung aus Zwetschgenbrand und Lavendelhydrolat sich in ihrem Lokal zu einem regelrechten Renner entwickelt hat.

Auch **schwarzen bzw. grünen Tee** können Sie mit ätherischen Ölen aromatisieren. Entweder Sie geben kurz vor dem Aufgießen einen Tropfen auf die Teeblätter oder auf 100 g Tee ca. 5 Tropfen des Öls. Z.B. besteht Earl-Grey-

Tee aus Schwarztee und Bergamottöl. Anschließend in einem verschlossenem Gefäß gut schütteln und dort aufbewahren.

Bei **Saunaaufgüssen** sollten Sie auf 1 l Wasser je nach Sorte und gewünschter Geruchsintensität 5-20 Tropfen ätherisches Öl geben. Je Kelle genügen 2 bis 5 Tropfen. Statt der üblichen Öl-Wasser-Mischung können von den „typischen" Saunaölen (Latsche oder andere Nadelhölzer, Minze, Zitrus, Zitronengras usw.) auch unverdünnte Hydrolate verwendet werden. In dem meisten Fällen ist eine volle Kelle ausreichend.

Für **Duftlampen** verwendet man etwas Wasser und 3-10 Tropfen ätherisches Öl. Lassen Sie die Flüssigkeiten nicht eintrocknen, sonst bleibt in der Lampenschale ein brauner harziger Rückstand zurück, der nur noch mit Aceton oder Nagellackentferner beseitigt werden kann. Genauso wie beim Saunaaufguss eignet sich Hydrolat hervorragend für die Duftlampe, dazu einfach die Schale mit unverdünntem Hydrolat befüllen. Hier sollten Sie Ihrer Nase vertrauen. Nachdem ca. zwei Drittel oder drei Viertel der Flüssigkeit verdunstet sind (abhängig von der Sorte), werden Sie einen unangenehmen Geruch bemerken, weil das Hydrolat überhitzt wurde. Sobald dieser Geruch auftritt, sollten Sie daher den Inhalt ausleeren, die Schale reinigen und mit frischem Hydrolat wieder befüllen. Besonders intensiv und ein wenig frischer wirkt der Duft, wenn zum Öl-Wasser-Gemisch bzw. Hydrolat Alkohol gegeben wird (nicht denaturierten Alkohol verwenden!). Darauf achten, dass in der Schale der Alkoholgehalt nicht größer ist als ca. 30 bis 35%vol. Im Rahmen unserer Praxisseminare werden die Spritzen nach dem Abziehen der ätherischen Öle vom Hydrolat mit Alkohol gereinigt. Dieser „Abfall"alkohol wird gesammelt und ist nach dem Seminar undurchsichtig milchig trüb wegen des hohen Gehalts unterschiedlichster ätherischer Öle. In der Duftlampe entsteht daraus ein hervorragender, unverwechselbarer Duft, der jedes Mal ein bisschen anders riecht.

Getrocknete Pflanzen, in Schalen oder in Säckchen können mit ätherischen Ölen oder Hydrolat aromatisiert werden und so als Duftspender dienen. Wer freut sich z.B. auf dem „stillen Örtchen" nicht über einen angenehmen Duft?

Für **Raumsprays** verwenden Sie 96%vol Alkohol und geben das ätherische Öl (ca. 20 Tropfen je l) oder Hydrolat (ca. 250 ml je l) zu.

Als **Kompresse** kann man direkt Hydrolate verwenden. Oder Sie geben 3 ml ätherisches Öl in 1 l Wasser. Die Baumwolltücher darin tränken.

Zum **Inhalieren** geben Sie in eine Schüssel mit 0,5 l heißem Wasser 2-6 Tropfen ätherisches Öl oder verwenden Sie Hydrolat ca. 1:4 verdünnt je nach Sorte.

Im Haushalt können beim **Reinigen** von Fußböden, Schränken usw. einige Tropfen ätherisches Öl ins Wischwasser gegeben werden. Das duftet angenehm und desinfiziert leicht. Im Grunde benötigt man kein zusätzliches Putzmittel. Hydrolate sind ähnlich effektiv.

Für duftendes **Bügelwasser** geben Sie ca. 2-3 Tropfen Öl in destilliertes Wasser oder verwenden Sie direkt das Hydrolat. Falls der Duft des Hydrolats zu intensiv ist, können Sie es z.B. 1:1 mit destilliertem Wasser verdünnen oder ausschütteln, um den ätherischen Ölgehalt zu senken (siehe S. 147).

Wollen Sie Ihre **Wäsche** im Wohnraum trocknen, erhalten Sie einen angenehmen Duft im Raum, wenn Sie zum letzten Spülgang in die Waschmaschine einige Tropfen ätherisches Öl geben. Wir verwerten so unsere älteren Ölreste.

☺ **Tipp:**
In der Waschmaschine sollten Sie keine Zitrus- und Minzöle verwenden, da sie die Kunststoffteile angreifen können.

Kapitel 6

Nachgefragt

Da Theorie und Praxis ja bekanntlich nicht immer übereinstimmen, stellen wir im Folgenden exemplarisch typische Fragen aus unserer Diskussionsecke auf unserer Homepage vor. Auf *www.aetherischesoel.at* finden Sie die komplette und aktualisierte Version.

Zitronenmelisse

Kann ich zur Ölgewinnung auch die normale Zitronenmelisse aus dem Garten verwenden? Könnte man theoretisch das Zitronenmelissenöl auch in Säfte, Alkohol usw. zutropfen, sozusagen als Ersatz für künstliche Essenzen? Wenn ja, könnte man doch auch damit kochen?

Natürlich können Sie die normale Zitronenmelisse aus dem Garten verwenden. Zitronenmelissenöl ist übrigens eines der teuersten Öle der Welt, daher ist die Ausbeute ohnehin nicht besonders groß. Aber ein paar Tropfen Öl genügen vollkommen. Sie können das Öl auch in Säfte, Alkohol usw. zutropfen und damit kochen. Aber Vorsicht mit der Dosierung, denn bedenken Sie bitte, dass durch die hohe Konzentration die ätherischen Öle teilweise auch Gifte sind. Bei der Einnahme von Ölen daher unbedingt aufpassen (siehe S. 170). Sie sollten nicht das wertvolle Hydrolat vergessen. Es kann als Alternative oder zusätzlich zum ätherischen Öl verwendet werden.

Weingeist statt Alkohol

Ich habe eine Frage zur Herstellung von Parfüm. Ist es richtig, dass der Hauptbestandteil Alkohol ist? Kann ich dafür auch Weingeist aus der Apotheke verwenden? Meines Wissens nach wird in Parfüm immer speziell vergällter Alkohol verwendet, ähnlich dem Spiritus, der bei vielen zu Allergien führt.

Das ist richtig. Für die Parfümherstellung wird vergällter Alkohol verwendet. Allerdings wird dieser mit einer anderen Substanz versetzt als Spiritus, deshalb sollte es hautverträglich sein. Dennoch können durch solche Zusatzstoffe Allergien auftreten. Sie können für das Parfüm auch Weingeist statt vergälltem Alkohol verwenden.

Getrocknete Kräuter

Ist es möglich, auch aus getrockneten Kräutern ätherisches Öl herzustellen?

Ich habe zuletzt getrocknete Pfefferminze verarbeitet, und zwar die billigen Pfefferminzblätter, die es in großen Mengen auf Märkten für Tees zu kaufen gibt. Es war unglaublich, wie viel Öl herausgekommen ist.

Hydrolat

Ich lasse die Fläschchen mit Hydrolat und dem gelben Salbeiöl obendrauf drei bis vier Wochen stehen, damit sich die Trübungen absetzen können. Kann ich die Ölausbeute dadurch erhöhen, dass ich die Fläschchen ins Tiefkühlfach stelle? Dann müsste das Öl aus dem Hydrolat doch besser ausfallen?

Theoretisch haben Sie mit der Idee des Tiefkühlens Recht, aber praktisch erzielen Sie keinen Gewinn. Lassen Sie, so wie Sie's ohnehin schon tun, die Flaschen drei bis vier Wochen stehen, danach ziehen Sie das ätherische Öl ab. Bei der nächsten Destillation von Salbei können Sie statt Frischwasser das Hydrolat vom Salbei in die Destille geben. Die Ölausbeute wird sich erhöhen, da dieses Wasser bereits mit dem Salbeiöl gesättigt ist.

Reinigung der Anlage

Kann ich mit meiner Schnapsbrennerei (Edelstahltopf und Glaskühler) ebenfalls ätherisches Öl selbst herstellen? Nach der Öldestillation ist die Anlage sicherlich ziemlich „verölt"? Wie kann man diese dann wieder reinigen?

Es spricht nichts dagegen. Was Sie aber unbedingt brauchen ist ein Aromakorb, damit die Kräuter im Dampfraum liegen. Weiterhin sollte ein ausreichend großes Fassungsvermögen im Dampfraum vorhanden sein, damit bei der Destillation auch genügend Öl herauskommt. Zur Reinigung der Anlage: zuerst gut mit Wasser und Putzmittel spülen. Evtl. mit Aceton und danach mit viel Wasser durchspülen. Anschließend einen Reinigungsbrand mit z.B. Wein durchführen.

Medizinische Behandlung

Können selbst gemachte ätherische Öle, die z.B. mit der Leonardo Destille hergestellt wurden, auch für medizinische Zwecke verwendet werden? Ist die Beimischung zu einem Massageöl bzw. Körperöl möglich? Ich nehme an, dass sie sich auf jeden Fall für Aroma-Duftlampen eignen.

Natürlich eignen sich die Öle auch für medizinische Zwecke. Es kommt dabei auf Ihre Ausgangsstoffe an. Wurden z.B. die Kräuter mit bestimmten Spritzmitteln behandelt, so würde ich die Öle nicht verwenden, da die Gifte natürlich bei der Destillation mitkommen. Sie sollten also nur unbehandelte Kräuter nutzen. Bezüglich der Einnahme von ätherischen Ölen bitte ich um Vorsicht. Öle sind in diesen Konzentrationen teilweise starke Gifte. Sie sollten hierfür unbedingt einen Mediziner aufsuchen. Für Körperöle und Massageöle können Sie einfach in ein so genanntes Trägeröl (geruchloses Öl, wie z.B. Jojobaöl) ein paar Tropfen reines ätherisches Öl geben oder auch verschiedene ätherische Öle mischen. Auch für Duftlampen können die Öle verwendet werden (siehe S. 171).

Leonardo oder Deluxe?

Welche Anlage eignet sich besser für die Ölherstellung, die Leonardo oder die Deluxe?

Es hängt von der Art der Anwendung ab, welche Anlage die bessere ist: Wenn Sie nur ätherische Öle und Hydrolate destillieren möchten, also keinen Alkohol, ist die LEONARDO® dafür am besten geeignet. Im Vergleich zu anderen Anlagen hat sie die höchste Ölausbeute je kg Pflanzenmaterial. Wegen der speziellen Kühlerkonstruktion geht kein Tropfen Öl verloren, außerdem kann der Kühler auch im Innenbereich per Hand gereinigt werden. In den meisten Fällen ist das Modell LEONARDO® Classic ausreichend, mit dem Modell LEONARDO® Grande ist es auch möglich, Öl aus Pflanzen mit extrem niedrigem Ölgehalt zu gewinnen. Möchten Sie hingegen mit nur einer einzigen Anlage ätherisches Öl und auch Alkohol destillieren, geht das mit der Deluxe. In der größten Ausführung ist das Füllvolumen gleich groß wie bei der LEONARDO® Grande. In der für den Alkohol notwendigen Kühlspirale bleibt jedoch ein wenig ätherisches Öl hängen, außerdem kann die Spirale im Inneren des spiralförmig gebogenen Rohres nur durch Spülen gereinigt werden, z.B. mit Alkohol (dieser ist natürlich verwendbar für eine der in Kapitel 5 beschriebenen Anwendungen). Eine genauere Beschreibung beider Anlagen siehe S. 48 ff.

Kleinanlagen

Professionelle Wasserdampfdestillationen arbeiten bei der Produktion ätherischer Öle immer mit einem Dampferzeuger. Wenn man nun mit einer kleineren Destille arbeitet, kann man dann auch mit einem qualitativ hochwertigen Produkt rechnen?

Ja. In den Kleinanlagen befindet sich ein Aromakorb, der dafür sorgt, dass das Destilliergut wie z.B. Rosen nur im Dampfraum liegen und das Öl durch den Dampf mitgerissen wird. Aus diesem Grunde können Sie auch mit den Kleinbrennanlagen hochwertiges ätherisches Öl herstellen. Anlagen, bei denen das Destilliergut im Wasser schwimmt, sind nicht zur Herstellung von Aromaölen geeignet.

Mischen von Ölen

Ich weiß, wenn ich unterschiedliche Rohstoffe (z.B. Salbei aus Italien und Salbei aus Deutschland) nehme, dass die Qualitäten der Öle variieren und beim Mischen eine neue Qualität entsteht. Doch wie groß ist der Qualitätsunterschied, wenn die Destillation nur zu unterschiedlichen Zeiten vorgenommen wurde? Aus wirtschaftlicher Sicht wäre es mehr als aufwändig, bei einer Gewinnung von zwei Tropfen Öl alle zwei Tropfen separat zu lagern.

Öle aus verschiedenen Pflanzentypen sollten Sie nicht mischen. Haben Sie jedoch die gleiche Pflanze mehrmals destilliert, können Sie das Öl natürlich zusammenschütten. Der Vollständigkeit halber möchte ich aber erwähnen, dass die Qualität des ätherischen Öles nicht während der ganzen Destillation gleich ist. Das beste und teuerste Öl kommt zuerst. Je weiter die Destillation fortschreitet, umso geringer ist die Qualität. Das ist für den Heimdestillierer nicht wirklich von Bedeutung, bei kostbaren Ölen wie Ylang-Ylang jedoch werden verschiedene Ölfraktionen zu verschiedenen Preisen verkauft.

Ölauffangbehälter

Was kann ich tun, wenn sich das ätherische Öl an den Auffangbehälter (Glas) tröpfchenförmig angelegt hat?

Durch ruckartiges Hin- und Herdrehen der Flasche in der vertikalen Achse können Sie das Öl etwas zusammenrütteln. Ist es aber nur sehr dünn verteilt, nutzt Ihnen auch das nichts. Verwenden Sie unbedingt Ölauffangbehälter, die oben ganz dünn zusammengehen. Dann werden Sie zukünftig das Problem nicht mehr haben. Sie können jetzt nur noch versuchen, das Öl mit einem Glasstab zusammenzuziehen, so dass sich dann größere Tropfen bilden können. Oder Sie verwenden dieses Produkt das nächste Mal statt der Wasserzugabe, dann kommt das Öl gemeinsam mit dem neuen Öl wieder heraus.

Grünspan

Ich habe meine Anlage schon länger nicht verwendet und nun hat sich am Kühler leider Grünspan gebildet. Was soll ich tun, damit sie wieder einsatzbereit ist? Wie kann ich so-etwas zukünftig verhindern?

Stellen Sie für ca. eine Stunde den Kühler in ein sehr heißes Zitronensäurebad, bestehend aus 100 g Zitronensäure je Liter Wasser, und reinigen Sie ihn danach gut mit Wasser und Spülmittel. Anschließend spülen Sie ihn noch intensiv mit heißem Wasser aus. Um Grünspan zu verhindern, sollte die Anlage immer offen gelagert werden und keinesfalls in feuchten Räumen.

Alkohol-herstellung

Ich destilliere seit einiger Zeit ätherische Öle und stelle auch mein Parfüm selbst her. Wäre es nun auch möglich, den Alkohol für das Parfüm selbst zu gewinnen? Der Weingeist in der Apotheke ist doch ziemlich teuer. Gäbe es hierfür eine einfache Methode?

Natürlich können Sie geschmacklosen Alkohol selbst herstellen. Eine einfache Methode ist die Wasser-Zucker Vergärung. Informationen diesbezüglich finden Sie unter *www.schnapsbrennen.at*

Lösemittel

Eignen sich für die Herstellung ätherischer Öle auch andere Flüssigkeiten außer Wasser? Ich könnte mir vorstellen, dass man bei der Verwendung von Alkohol eine bessere Ölausbeute erzielt, da doch ätherische Öle in Alkohol zumindest besser löslich sind als in Wasser.

Dass ätherische Öle in Alkohol besser löslich sind, ist richtig. Würden Sie nun z.B. Eukalyptus mit Alkohol destillieren, so ergäbe das einen wunderbaren Eukalyptusschnaps, mit maximal ein paar Öltröpfchen obenauf schwimmend. Aber da das Öl eben besser löslich ist, können Sie es nicht mehr abtrennen. Man müsste den Alkohol zur Gänze eindampfen, den Rückstand könnte man dann verwerten. Von dieser Methode rate ich für den Hausgebrauch ab, da durch das mehrmalige Erhitzen mehr Aromen zerstört werden, als Sie Ausbeute hätten. In der Industrie wird statt Wasser meist ein organisches Lösemittel verwendet, dadurch ist die Ausbeute gravierend höher. Allerdings müssen auch hier die Lösemittel anschließend verdampft werden, und es bleiben immer Reste im Öl zurück. Es ist jedoch bedenklich, sich diese Lösemittel z.B. in Form einer Creme auf die Haut zu geben. Wenn man es selbst macht, dann unbedingt nur mit Wasser, dadurch ist das Öl frei von Chemikalien.

Lavendel

Irgendwie klappt es bei mir mit dem Herstellen des ätherischen Öles nicht so recht. Das letzte Mal habe ich ca. 500 g Lavendel verwendet und diesen in 4 l Wasser überdestilliert. Das Destillat hat leicht nach Lavendel gerochen, aber Öl habe ich nicht produziert. Wo könnte der Fehler liegen?

Für 500 g Lavendel brauchen Sie nicht mehr als 1 l Wasser in den Kessel zu geben. Nachdem ca. 400 ml Wasser überdestilliert sind, ist die Destillation zu Ende. Haben Sie den Lavendel im Wasser gekocht? Das sollten Sie keinesfalls tun. Das Kraut muss immer im Dampfraum stehen. Weiterhin ist es wichtig, die Pflanzen vorher sehr gut zu zerkleinern, andernfalls wird die Ausbeute gering ausfallen. Schließlich hängt die Ausbeute natürlich auch von der Art des Lavendels ab. Speiklavendel hat minimale Ausbeuten, bei Lavandin hingegen erhält man beachtliche Mengen ätherisches Öl. Auch der Anlagentyp ist für die Ausbeute ausschlaggebend: Anlagen mit einer Kühlung wie die Leonardo werden deutlich mehr Öl abgeben als Anlagen mit einer Kühlschlange. Denn das Öl bleibt während der Abkühlung gerne in der Kühlung hängen. Und nicht zuletzt ist der Übergang vom Kessel zum Kühler entscheidend für die Ölausbeute: Ein ehemaliger Schnapsbrenner hat uns kontaktiert, weil bei seiner professionellen 75-Liter-Schnapsbrennanlage kein einziger Tropfen Öl herausgekommen ist. Bei solchen Anlagen befindet sich zwischen Kessel und Kühler eine Verstärkerkolonne, das Öl wurde von der Kolonne zur Gänze zurückgehalten. Bei einem anderen Fall war die Destille zwar mit einer Kühlkuppel ausgestattet, ähnlich wie bei unserer LEONARDO®, aber der Übergang vom Kessel zum Kühler hatte einen zu kleinen Durchmesser. Das Ergebnis war das gleiche: kein ätherisches Öl und nur „dünnes" Hydrolat (siehe S. 52).

Große Höhenlagen

Ich interessiere mich für den Anbau von Aromapflanzen und deren Destillation in größeren Mengen. Können die Pflanzen auch in Höhenlagen um 700 m angebaut werden? In unserer Region fällt in großen Mengen Wacholder bei der Auslichtung der Wacholderheiden an. Würde es sich lohnen, diesen zu destillieren?

700 m Seehöhe sind gar kein Problem. Der klassische Lavendel in der Provence z.B. wird erst ab einer Seehöhe von 600 m angebaut. Wichtig ist, dass die Pflanzen genug Öl produzieren, d.h. sie brauchen viel Sonne. Aus Wacholderbeeren lässt sich ein ausgezeichnetes Öl herstellen. Sie können jedoch auch die Nadeln und kleinen Äste verwenden (siehe S. 134). Die Ausbeute der getrockneten und geschroteten Beeren ist sehr hoch.

Destillation oder Kaltpressung?

Worin liegt der Unterschied zwischen Ölen, die durch Destillation und denen, die durch Kaltpressen hergestellt werden ?

Es können nur bestimmte Produkte kalt gepresst werden. Für die Herstellung ätherischer Öle eignen sich Orangen, Mandarinen und Zitronen. Alle anderen ätherischen Öle werden mittels Wasserdampfdestillation oder Extraktion hergestellt. Bei Zitrusfrüchten sind die destillierten Öle reine, klare, farblose Flüssigkeiten mit einem feinen Duft, wohingegen die gepressten Öle wie die Zitrusschalen gefärbt und undurchsichtig trüb sind, da sie Wachse und Harze der Schalen enthalten.

Andere Öle – nicht ätherische Öle – werden ebenfalls kalt gepresst, und zwar aus Keimen, Samen usw., wie Maiskeimöl, Kürbiskernöl, Olivenöl …

Unverdünntes Öl kann gefährlich sein!

Ich habe Pfefferminze mit einer sehr guten Ausbeute destilliert. Mir sind versehentlich ein paar Tropfen auf das Tischtuch (Verbundmaterial: Gewebe und darüber dünner schaumartiger Kunststoff) geraten. Das ätherische Öl hat mir ein Loch ins Tischtuch gefressen! Ist das Öl gefährlich?

Die meisten ätherischen Öle sind sehr aggressiv (z.B. werden Kunststoffe wie Polystyrol angegriffen) und zum Teil auch giftig. Sie sind hoch konzentriert und sollten daher nicht ohne medizinisches Wissen und auch nur in verdünnter Form angewendet werden. Wenn Sie allerdings ein Tröpfchen Öl auf den Handrücken reiben, um den Duft zu probieren, ist das völlig ungefährlich.

Epilog

Wir bieten im zweimonatigen Rhythmus Duftölseminare an, in denen jede(r) Teilnehmer(in) mit von uns zur Verfügung gestellten LEONARDO®-Destillen zwei verschiedene Sorten ätherische Öle und Hydrolate selbst herstellt, zur Auswahl stehen ca. 20 verschiedene Pflanzenmaterialien. Anschließend trennen die Teilnehmer die Öle vom jeweiligen Hydrolat ab und stellen daraus Seifen, Parfüms, Massageöle und Badesalze her. Alle selbst hergestellten Produkte können mit nach Hause genommen werden, bei erfolgreichem Abschluss wird ein Zertifikat verliehen.

Interessiert, aber keine Möglichkeit, daran teilzunehmen? Dann besuchen Sie doch unsere Online-Seminarseite, www.distilling-fermenting-seminars.com.

▲ Duftölseminar bei Malle/Schmickl

Auf unserer Webseite www.aetherischesoel.at können Sie die im Buch beschriebenen Destillen und das notwendige Zubehör beziehen, außerdem finden Sie dort Infos zu den Praxisseminaren.

Kontaktadresse:

Dr. Bettina Malle und Dr. Helge Schmickl
Ehrentalerstr. 39
9020 Klagenfurt am Wörthersee
Österreich
Tel./Fax: Inland: 0463 437786
Ausland: +43 463 437786
E-Mail: schmickl@aetherischesoel.at
Homepage: www.aetherischesoel.at

▲ Fertige Produkte einer Seminarteilnehmerin (beispielhaft):

- ca. 500 ml Lavendelhydrolat
- ca. 500 ml Nelkenhydrolat
- 12 ml Lavendelöl (Menge abh. v. gewählter Pflanzenart)
- 11 ml Nelkenöl (Menge abh. von gewählter Pflanzenart)
- 5 ml Parfum mit ätherischen Ölen
- 10 ml Massageöl mit ätherischen Ölen
- 100 g Duft-Seife mit ätherischen Ölen
- 50 g Badesalz mit ätherischen Ölen

Da nicht alle TeilnehmerInnen dieselben Pflanzen destillieren, können in den Kosmetikprodukten auch andere ätherische Öle als die selbst hergestellten verarbeitet werden.

Erntekalender

	Jan.	Feb.	März	April	Mai	Juni	Juli	Aug.	Sep.	Okt.	Nov.	Dez.
Alant									■	■		
Angelika									■	■		
Anis						■	■	■	■			
Bärlauch				■	■							
Baldrian									■	■		
Basilikum						■	■	■	■			
Beifuß								■				
Birke					■	■						
Bohnenkraut						■	■	■	■			
Dill						■	■	■	■			
Dost						■	■	■				
Eichenmoos	■	■	■									
Estragon								■	■			
Fenchel						■	■	■	■			
Fichte					■	■	■	■	■			
Föhre					■	■	■	■	■			
Geranie						■	■	■				
Gundelrebe					■	■						
Heiligenkraut						■	■	■				
Hopfen								■	■			
Jasmin							■	■	■	■		
Johanniskraut						■	■	■				
Kamille						■	■	■				
Karotte									■			
Kiefer					■	■	■	■	■			
Knoblauch								■	■			
Koriander						■	■	■	■			
Kümmel								■	■			

	Jan.	Feb.	März	April	Mai	Juni	Juli	Aug.	Sep.	Okt.	Nov.	Dez.
Lärche					■	■	■	■	■			
Latschenkiefer					■	■	■					
Lavendel								■	■			
Liebstöckel						■	■	■	■			
Lorbeer						■	■	■				
Majoran						■	■	■				
Melisse						■	■	■				
Minze						■	■	■				
Muskatellersalbei						■	■	■				
Myrte						■	■	■				
Oregano						■	■	■	■			
Petersilie								■	■			
Ringelblume						■	■	■	■			
Rose					■	■						
Rosmarin					■	■	■	■				
Salbei						■	■	■				
Schafgarbe						■	■	■	■			
Sellerie									■			
Strohblume						■	■	■				
Tagetes							■	■	■			
Thuja					■	■	■	■	■	■		
Thymian						■	■	■				
Veilchen			■	■								
Wacholder			■	■	■				■	■		
Wermut						■	■	■	■			
Wiesenbärenklau						■	■	■				
Ysop								■	■			
Zeder					■	■	■	■				
Zitronenverbene						■	■	■				
Zypresse					■	■	■	■				

Stichwortverzeichnis

A

Absinth 135
Absolues 28
Aceton 43–44, 65, 71, 171, 174
Adlerholz 94–95
Adlerholzes 124
Agarholz 94
Akne 141
Alant 95, 183
Alkohol 122, 146, 154, 158–159, 161–163, 173, 177
Alkoholherstellung 177
Aloeholz 94
Aluminium 165
Ambre 162
Amyris 130
Angelika 96, 144, 148, 162, 183
Angesetzte 191
Angstzustände 110, 141
Anis 66, 96, 114, 142, 149, 162, 170, 183
Antischaum 70
Arnika 95–97, 144, 157
Aromakorb 35, 113, 122, 174, 176
Aromatherapie 15, 136
Äste 101, 105, 117, 122, 130–131, 133–134, 179
Aufbewahrung 90
Ausbeutebeispiele 94
Avicenna, Auszüge 14
Avocadoöl 145, 156

B

Badesalz 150, 161, 181–182
Badezusätze 144, 149
Baldrian 162, 183
Bärenklau 98, 135
Bärlauch 99, 183
Basilikum 100, 141–142, 144, 149, 162, 183
Basisnote 161–164
Bay 100
Bayrumbaum 100
Becherglas 147
Beifuß 100, 144, 162, 183
Benzoebaum 100
Benzoe Siam 100, 132, 162
Bergamotte 101, 144, 162, 164
Bestandteile, apolare 28
Bestandteile, polare 28
Bienenwachs 146, 153–156, 159
Birke 101, 141, 144, 162, 183
Bitterorange 101–102, 125
Blutdruck 99, 114, 121, 130, 135, 141–142, 149
Blütenstände 100, 105
Bohnenkraut 102, 149, 162, 183
Briefwaage 147
Bronchitis 110, 118, 141
Bulgarien 128

C

Cajeput 102, 144, 149
Calendula 128, 152
Cananga 136
Champaka 118
Chemotypen 20
Cistrose 103, 147, 149, 162
Citronella 103, 144
Clementine 103
Co-Destillation 26
Concretes 28
Cutter 60

D

Damaszener Rose 129
Damiana 103, 170
Dampferzeuger 176
Davana 103, 162
Deodorant 157
Depression 101, 141
Destillation, fraktionierte 24
Destillation, Prinzip 33–34
Destillation, zweifach 136
destillieren, Harze 71
Dill 103, 162, 183

Dom 35
Dost 104, 183
Douglasie 132
Druckkochtopf 38–39
Duftlampe 144, 171, 174–175
Duftölseminare 181
Dünsteinsatz 38
Durchfall 141
Duschbad 151, 159

E

Earl 170
Eichenmoos 104, 183
Eigelb 153
Eisenkraut 32, 104, 139, 144
Eiweiß 153
empfindliche Haut 149
Emulgator 146, 149, 156
Enfleurage 29, 30, 85, 104, 110, 112, 122, 134
Engelwurz 96
Epilepsie 149
Ernte 55–56, 58–59
Erntekalender 183
Erschöpfung 130, 141
Essenz 20
Essig 151, 191
Estragon 105, 149, 162, 170, 183
Eukalyptus 94, 105, 141–142, 144, 147, 149, 162, 177
Extraktionsverfahren 27–30

F

Fenchel 106, 114, 142, 147, 149, 162, 183
Fermentation 58, 64, 129
fermentiert 63
Fichte 142, 144, 183
Fixativ 100, 114, 164
Florentinervase 78–79
Föhre 162, 183
Fußbad 144, 151

G

Gaschromatografie 31
Geisenbart 162
Geistrohr 35–36, 41–42
Geranie 109, 141–142, 144, 162, 164, 183
Gesichts- und Körperpflege 152
Gesichtscreme 154
Gesichtsmaske 153
Gesichtsöl 147, 157
Gesichtswasser 144, 154
Getrocknete Pflanzen 172
Gewürznelke 94, 122, 127, 149
Gewürznelken 123, 127
Gewürzöle 144, 148
Gewürztagetes 35, 132, 151
Ginseng 135
Ginster 110, 162
Glaskühler 174
Grapefruit 103, 124, 144, 162
Großanlagen 54
Grünspan 177
Gundelrebe 110, 183

H

Haarausfall 117, 141
Haarkosmetik 144
Haarpflege 159
Haarshampoo 159
Haarspülung 159
Häcksler 63
Haferflocken 153
Haltbarkeit 26, 91, 146, 164
Hanf 110
Harz 122, 135
Harze destillieren 71
Hautcreme 144
Heilerde 153
Heiligenkraut 111, 183
Herdplatte 148
Herznote 161–164
Holzspatel 148
Honig 149, 151, 153, 158
Hopfen 111, 162, 183
Hyazinthe 162
Hydrolat 68, 110, 128, 147, 154, 158–159, 172, 174, 181
Hydrolatflasche 67, 122, 131
Hydrolatflaschen 91

I

Immortelle 132
Indianernessel 119
Infusion 30
Ingwer 111, 142, 144, 149, 162

Inhalieren 172
Insektenstiche 141
Invertzucker 166
Iris 112, 162

J

Jasmin 112, 141–142, 144, 149, 162, 183
Johanniskraut 113, 144, 183
Jojobaöl 145, 157, 161, 175
Joy 118

K

Kakaobutter 156
Kaltpressung 26, 73, 82, 138, 179
Kamille 113, 141–142, 144, 147, 162, 183
Kamilleöl 151, 153, 156
Kampfer 114, 141, 149
Kardamom 114, 149, 162
Karotte 114, 162, 183
Karottensamenöl 157
Kartoffelschäler 59, 138
Kessel 35, 102, 110, 122, 178
Kessel, Wassermenge im 68
Kiefer 114, 144, 162, 183
Kienöl 107
Kleinanlagen 48, 176
Knoblauch 114, 162, 183
Kohlendioxidextraktion 30
Kokosfett 85
Kompresse 144, 172
Konzentrationsschwäche 141
Kopfnote 161–163
Kopfschmerzen 112, 134, 142
Koriander 114, 142, 144, 149, 162, 183
Korianderöl 114, 170
Körperöl 174
Körperpflege 152
Krauseminze 120
Kräuter 56, 60, 113, 161, 174–175
Kreuzkümmel 115
Kristallanalyse 32
Küchenwaage 147
Küchenzerkleinerer 61
Kumin 115
Kümmel 115, 148, 162, 183
Kümmelöl 115, 170
Kurkuma 115, 162
Kutter 60

L

Lanolin 146, 152–156
Lärche 115, 184
Latsche 144, 162
Latschenkiefer 115, 184
Läuterzucker 166
Lavandin 116, 149, 178
Lavendel 132, 141–142, 144, 147, 154, 162, 164, 178, 184
Lavendelöl 150, 152, 156–157, 161, 170
Lebensbaum 117, 133
Lebensmittelfarbe 150, 161
Lemongras 117, 149
Leonardo 48, 174–175, 178
LEONARDO® 49, 65, 94
Liebig-Kühler 43
Liebstöckel 117, 162, 184
Liköre 22, 166–169
Limette 117, 162, 164
Lorbeer 100, 117, 141–142, 149, 162, 164, 184
Lorbeer, westindischer 100
Lösemittel 29
Lösemittelextraktion 27–29, 100, 104, 112, 122, 134
Lotion 144

M

Macadamiaöl 145, 156
Mädesüß 26, 117
Magenbeschwerden 142
Magnolie 118, 144, 162
Magnolienblüte 118
Maiglöckchen 99, 162
Maiskeimöl 145, 179
Majoran 118, 141–142, 149, 162, 184
Make-up-Entferner 153
Mandarine 162, 164, 179
Mandelöl 145, 152, 157, 161
Massageöl 144, 157, 174–175, 181
Mazeration 30, 84
Meerrettich 162

Meersalz 150
Melisse 119, 141–142, 144, 147, 149, 162, 184
Menstruationsprobleme 142
Milch 149, 151
Milchprodukte 153
Mimose 120, 162
Minze 94, 110, 120, 127, 141–142, 144, 147, 149, 162, 184
Mischen von Ölen 176
Monarde 119
Monarden 119–120
Mörser 96, 114, 127, 131
Mundwasser 158
Muskat 149
Muskatellersalbei 121, 149, 162, 184
Muskatnuss 122, 162
Muskatnussöl 170
Myrre 122, 141, 149, 162
Myrte 122, 141–142, 144, 147, 162, 184

N

Nachtcreme 156
Nachthyazinthe 134
Nadelhölzer 60, 64, 171
Nadelhölzern 58, 62, 107
Nadelöle 144
Nagarmotha 123
Nanaminze 120
Narde 122
Nardenbaldrian, indianischer 122
Narzisse 122, 162
Nelke 94, 122, 127, 142, 149, 162, 167, 169, 182
Nelkenpfeffer 127
Nervosität 101, 134, 142
Nussgras 123

O

Obstessig 151
Ölabscheider, automatisch 77
Ölauffangbehälter 176
Ölausbeute 119, 174, 177
Ölfraktionen 176
Olivenöl 145, 157, 179
Orange 59, 124, 141, 144, 162
Orangenblüte 147, 162
Orangenöl 151
Oregano 94, 125, 141, 149, 162, 164, 184
Oreganoöl 170
Oud 94–95

P

Palmarosa 125
Palmfett 85
Palo Santo 125
Paracelsus 15
Parfüm 144, 146, 161–165, 173, 177, 181
Parfümbaum 118
Pasteurpipette 74–75
Patschuli 126, 144, 162
Peeling 153
Peelingseife 161
Petersilie 126, 162, 184
Petitgrain 144, 162
Pfeffer 126, 149, 162
Pfefferminze 94, 120, 127, 141–142, 144, 162, 174, 179
Pfefferminzlikör 169
Pfefferminzöl 170
Pflanzenarten 94
pH 91
Piment 127
Pomeranze 101

Q

Qualitätsprüfung 30

R

Rainfarn 127
Rasierseife 158
Rasierwasser 158
Rasur 159
Raumspray 172
Raute 127
Reinigungsmilch 152
Reinigungsöl 152
Reinigung der Anlage 174
Resinoid-Herstellung 30
Rheuma 105, 113–114, 118, 127, 139, 142
Rinde 101, 137

Ringelblume 128, 144, 184
Rose 85, 112, 128–129, 141–142, 144, 147, 162, 176, 184
Rosenblüten 129
Rosengeranie 109
Rosenholz 130, 144
Rosenmelisse 94
Rosenöl 109, 128, 152, 170
Rosenölherstellung 128
Rosenwasser 72
Rosmarin 66, 94, 130, 141–142, 144, 147, 149, 162, 164, 184

S

Säfte 170, 173
Sahne 149, 151
Salbei 110, 130, 142, 144, 147, 149, 162, 164, 174, 176, 184
Salbeiöl 157, 174
Salz 71, 73, 89, 150, 153, 161, 182
Samen 96, 103, 114, 126, 131, 135, 179
Sandelholz 130, 144, 147, 162, 164
Saunaaufguss 144, 171
Schafgarbe 130, 144, 184
Schaumweg 70
Scheidetrichter 76
Schlafbeschwerden 142
Schmierseife 146, 151, 158–159
Schuppen 117
Schwangerschaft 149
Schweinefett 29–30, 89
Schweineschmalz 85
Schwertlilie 112
Segge 123
Seife 144, 146, 158–160
Seifenflocken 146
Sellerie 131, 162, 184
Senf 131, 162
Sesamöl 145, 157
Sheabutter 85
Sicherheitshinweise 148
Silberseife 146, 151
Softdrinks 21, 170
Sojaöl 145
Sonnenblumenöl 145
Sonnenöl 157
Spagyrik 21
Spearmint 120
Speik 131
Speiklavendel 132, 178
Spiritus 43, 146, 173
Spritze 73–74, 148
Sternanis 96, 162
Stress 142
Strohblume 132, 184
Styraxbaum 100, 132

T

Tagetes 132, 162, 184
Talg 85
Tanne 132, 141, 144
Teebaum 133, 141–142, 144, 147
Teekessel 37, 39
Terpentinöl 107
THC (Tetrahydrocannabinol) 110
Thuja 117, 133, 162, 184
Thujon 133, 135
Thymian 110, 133, 141–142, 144, 147, 149, 162, 184
Tigerbalm 121
Totenkraut 127
Trägeröl 133, 145, 147, 151–152, 154, 156–157, 175
Trocknung 57, 150
Tuberose 134, 162
Türkei 128

U

Übergangsstutzen 45
Ud 94

V

Vakuumdestillation 25, 27
Veilchen 134, 144, 162, 184
Verbene 147, 149, 162
Verdauungsbeschwerden 117, 121, 142
Vetiver 134, 162, 164
Vollbad 149, 151
Vorlage 48, 68, 71

W

Wacholder 134, 141–142, 144, 149, 162, 179, 184

Wacholderbeeren 179
Walnussöl 146
waschaktive Substanz 146, 151, 159
Wäsche 172
Wasserdampfdestillation 23, 33, 93, 100, 110, 114, 135, 138, 176
Weihrauch 100, 135, 162
Weingeist 43, 65, 85, 166, 173, 177
Weinraute 127
Weizenkeimöl 146, 157
Weizenkleie 153
Wermut 133, 184
Wermut, wilder 100
Wiesenbärenklau 135, 184
Wok-Destille 40–41
Wollwachs 146
Wurzeln 63
Würzöle 170

Y

Ylang-Ylang 136, 141, 144, 162, 176
Ysop 137, 142, 149, 162, 184

Z

Zapfen 140
Zeder 137, 144, 162, 164, 184
Zellulite 142
Zerkleinern der Planzen 96, 102, 105, 109, 111, 114, 117, 130, 138, 178
Zimt 137, 144, 149, 162
Zimtöl 138, 170
Zimtrinde 137
Zirbelkiefer 52, 106
Zitrone 100, 101, 118, 141–142, 144, 162, 179
Zitronenbasilikum 100
Zitronengeranien 109
Zitronengras 103, 117, 139, 162, 164
Zitronenmelisse 26, 50, 119–120, 144, 158, 173
Zitronenschalenöl 138
Zitronenverbene 139, 184
Zitrusöl 148, 170
Zypergras 123
Zypresse 140–141, 144, 147, 149, 162, 184